# Gramática

lengua española

Esta obra ha sido realizada bajo la iniciativa y la coordinación general del Editor.

Edición:
Javier Lahuerta Galán

Redacción:
Sergio Torner Castells
Revisión:
Irene Renau Araque

Primera edición, marzo de 2004

© SPES EDITORIAL, S.L.
Aribau 197-199 3ª planta
08021 Barcelona
correo-e: vox@vox.es
www.vox.es

Impreso en España
Printed in Spain

ISBN: 84-8332-504-7
Depósito legal: 8.763-2004

Imprime: A & M GRAFIC, S.L.
Ctra. N-152 Santa Perpètua de Mogoda (Barcelona)

# Índice

# 1 Introducción

El español, al igual que el inglés, el francés, el bengalí o el japonés, es una lengua natural. Salvo que sufra algún tipo de discapacidad, cualquier ser humano aprenderá, durante los primeros años de vida y sin esfuerzo aparente, una lengua natural. Con ella articulará sus pensamientos, se comunicará con sus semejantes, conocerá el mundo y participará en el complejo entramado de relaciones de su sociedad. La lengua le servirá de puerta de entrada a la comunidad de la que forma parte y con ella intercambiará conocimientos y experiencias con los demás, y, sin que tal vez llegue a ser consciente de ello, cada vez que la utilice estará haciendo uso de un complejísimo sistema de comunicación gracias al cual podrá construir un número ilimitado de enunciados partiendo de un repertorio limitado de reglas y de unidades.

Los hablantes de una lengua no sólo tienen almacenadas las palabras que conforman su lengua, sino que también conocen las reglas que permiten combinarlas para crear mensajes verbales y transmitirlos. En la mayoría de los casos, este conocimiento es inconsciente, meramente operativo; a este conocimiento, los lingüistas lo denominan *gramática*. Los libros que, como el presente, llevan por nombre *Gramática* pretenden hacer explícito ese conocimiento que es inconsciente en los hablantes. El término *gramática* designa, pues, tanto el saber que un hablante tiene sobre su lengua como la descripción que de ella hace el lingüista.

La gramática forma parte de lo que son las lenguas naturales: las lenguas están formadas por unas unidades (sonidos y palabras) y por una gramática, entendida como el conjunto de reglas de combinación de dichas unidades para formar otras unidades mayores (sintagmas y oraciones). La materia prima de la que están hechas las lenguas naturales es la voz humana; por ello, en un primer nivel, las unidades constitutivas de la lengua son los sonidos. El repertorio de sonidos que es capaz de producir la voz humana es prácticamente ilimitado, pero cada lengua se sirve sólo de algunos de los múltiples sonidos posibles; la primera tarea del gramático consiste en determinar cuáles son los sonidos que posee la lengua que estudia, describir sus características y el valor que tienen en el sistema, y establecer sus reglas de combinación. La disciplina lingüística encargada de ello recibe el nombre de *fonología*. A ella se destina el primer capítulo de la presente obra, en el que se lleva a cabo una caracterización del sistema de sonidos del español.

Pero una lengua natural no es sólo una sucesión de sonidos encadenados: los sonidos se combinan entre sí para formar unidades mayores con significado; por ejemplo, cualquier hablante del español es capaz de asociar un significado a las secuencias de sonidos *de, sin* o *mar*, así como al segmento *gat-* que aparece en *gato, gatuno* y *gatear* o al segmento *-es* con que se forman los plurales *animales, camiones* o *jueces*. En un segundo estadio, pues, la gramática debe establecer qué características tienen las unidades de la lengua que están dotadas de significado y mediante qué reglas se combinan para formar palabras; la disciplina lingüística encargada de este estudio recibe el nombre de *morfología*, y a ella se dedica el segundo capítulo de la presente gramática.

En un tercer nivel, las palabras se combinan para formar unidades de significado mayores, las oraciones. La sintaxis tiene como objeto explicar los procesos en que se basa la formación de oraciones. Esta disciplina, de la que se ocupa el tercer capítulo de esta gramática, persigue explicar de forma razonada las propiedades de las construcciones a partir de las características de las palabras que las forman.

La lengua se nos aparece, así pues, como un sistema altamente complejo en el que las unidades se combinan en varios niveles sucesivos. El hablante que hace uso de la lengua muestra haber interiorizado su gramática; las obras que los lingüistas elaboran bajo el título de gramáticas describen de forma sistemática la gramática de una lengua, en el presente caso, el español.

En la presente *Gramática* se explican por extenso estos tres grandes temas mencionados, con la pretensión de ofrecer una obra de consulta práctica, fácil de comprender y utilizar. Las explicaciones troncales están subdivididas en numerosos apartados para que la búsqueda de la información sea ágil, y van acompañadas de breves e informativas indicaciones al margen, abundantes ejemplos y un buen número de tablas.

# 2 Fonología

Las lenguas son complejos sistemas de comunicación gracias a los cuales los seres humanos transmiten significados por medio de sonidos. La primera manifestación de la lengua es siempre oral —es decir, se produce mediante los sonidos de la voz humana—, mientras que la escritura supone siempre un estadio cronológico posterior, tanto en la biografía personal como en la historia de las sociedades: muchas lenguas que existen en la actualidad o que han existido en el pasado no han conocido otro modo de existencia que la oralidad, y en las lenguas que han desarrollado un modo de representación escrita, ésta ha aparecido muy tardíamente y la población sólo llega a dominarla tras algunos años de aprendizaje. Por eso, en su primer nivel de análisis la gramática atiende a los sonidos que producen los humanos al hacer uso de la lengua.

## 2.1. El fonema

Son dos las ramas de la lingüística que toman por objeto de estudio el sonido: la fonética y la fonología. La fonética estudia el sonido en cuanto realidad física, analizando sus características y su combinación en la secuencia hablada; la fonología, a su vez, estudia la función que dichos sonidos tienen en una lengua dada. Esto es, la fonética estudia las características acústicas de los sonidos y los órganos que intervienen en el proceso de fonación, con independencia del valor que dichos sonidos tengan en la lengua. En cambio, la fonología tiene en cuenta tan sólo aquellos aspectos del sonido que cumplen una función dentro de la lengua.

Explicaremos mejor esta distinción con un ejemplo. En español, no se pronuncian de un modo idéntico las dos *d* de la palabra *dado:* mientras que en la primera de ellas la punta de la lengua llega a tocar el paladar, en la segunda se aproxima mucho pero no llega a haber contacto. La fonética señalará esta diferencia y la explicará, a pesar de que no tenga valor en la lengua, puesto que los hablantes perciben estos dos sonidos como un mismo elemento *d*. La fonología, por su parte, ignorará estos matices y considerará que existe una única unidad *d;* esta unidad se opone a otras unidades de la lengua en la medida en que permite distinguir unas palabras de otras: *cada* frente a *casa, cana, cala, cara,* etc.

Estas unidades abstractas que tienen valor dentro del sistema de la lengua y que permiten distinguir unas palabras de otras —esto es, *d, s, n, l* y *r* en el ejemplo anterior— se denominan *fonemas.* El fonema es, pues, la unidad mínima de análisis de la fonología. La fonología analiza qué propiedades permiten en una lengua distinguir un fonema de los demás; estas propiedades reciben el nombre de *rasgos distintivos.* La fonética, en cambio, tiene por objetivo caracterizar las distintas realizaciones de los fonemas en el decurso del habla —la *d* con o sin contacto de la lengua contra el paladar en *dado*—; las distintas realizaciones de un mismo fonema reciben el nombre de *alófonos.*

## 2.2. La clasificación de los fonemas

### ■ El proceso de fonación

El criterio más extendido para clasificar los sonidos de la lengua atiende a los órganos que intervienen en el proceso de fonación. El proceso de fonación se inicia, junto al de la respiración, con la inspiración del aire, que llena los pulmones al distender un músculo (llamado *diafragma*) que está situado debajo de éstos. A continuación, al tensar el diafragma el aire será empujado y expulsado de los pulmones por la tráquea. La columna de aire así empujada alcanza la laringe y atraviesa la glotis —la nuez del cuello—; en su interior se encuentran dos músculos flexibles, las cuerdas vocales, que pueden tensarse, de modo que vibran como si se tratara de las cuerdas de una guitarra y producen un sonido, o distenderse, para dejar circular el aire libremente.

El sonido que se crea alcanza después la cavidad bucal; a veces, el velo del paladar se sitúa de tal modo que se permite que el sonido llegue también a las fosas nasales, aumentando y variando su resonancia. A su vez, la cavidad bucal puede modificar su forma y tamaño gracias a que algunos de sus órganos, como la lengua y los labios, son móviles; debido a ello, el sonido se articula y adquiere diversas características, según la forma que adopte la cavidad y los órganos que intervengan en la articulación.

## ■ Los rasgos distintivos

La fonología clasifica los fonemas de una lengua en función de las características que hacen posible distinguir un fonema frente a los demás. Por ello, estas características reciben el nombre de *rasgos distintivos*. El criterio más extendido para establecer los rasgos distintivos es el articulatorio, esto es, en función de cuáles son los órganos que intervienen en la articulación de los sonidos y de cómo actúan. Según este criterio se distinguen:

### ■ Vocales:

No hay ningún órgano que interrumpa la salida del aire. Se diferencian entre sí por dos rasgos:

– la abertura mayor o menor de la cavidad bucal;

– la localización; es decir, el lugar de la boca en el que se produce la resonancia del sonido.

### ■ Consonantes:

El paso del aire se ve interrumpido por algún órgano de la cavidad bucal. Las consonantes se diferencian entre sí por cuatro rasgos:

– El punto de articulación. En las consonantes, el aire no circula libremente por la cavidad bucal, sino que encuentra algún obstáculo en algún lugar de la boca; el sonido variará en función del lugar en el que se sitúa dicho obstáculo. El lugar en el que se obstaculiza la salida del aire recibe el nombre de *punto de articulación*.

– El modo de articulación. El tipo de obstáculo que se pone a la salida del aire por la cavidad bucal puede ser distinto; por ejemplo, con el sonido representado por la letra *p* se interrumpe momentáneamente la salida del aire, mientras que con el sonido representado por la letra *s* se dificulta su paso sin que por ello se llegue a interrumpir. Este distinto modo de obstaculizar el paso del aire se denomina *modo de articulación*.

– La resonancia. El aire puede salir únicamente por la boca o puede también salir por la nariz, de modo que tiene una cavidad de resonancia añadida.

– La sonoridad. Mientras que en la producción de las vocales siempre se produce una vibración de las cuerdas vocales, en la producción de las consonantes éstas pueden vibrar o permanecer en reposo.

## 2.3. El sistema fonológico del español

En español se usa una gran variedad de sonidos, pero solamente hay veinticuatro fonemas.

**La representación de los fonemas**

En lingüística, los fonemas se representan entre barras oblicuas: /p/. En muchas ocasiones, se produce una correspondencia entre las letras y los fonemas, pero a veces una misma letra puede representar más de un fonema o bien diversas letras pueden representar el mismo fonema. Por ejemplo, la letra *g* representa una consonante oclusiva (/g/) ante *a, o, u,* pero representa una consonante fricativa (/x/) ante *e, i;* a su vez, las letras *v, b, w* se usan para representar un único fonema (/b/).

### ■ El sistema vocálico

En español hay cinco fonemas vocálicos. Se clasifican según el grado de abertura de la boca en cerrados, medios y abiertos, y según el lugar en el que se producen en anteriores (la lengua se eleva hacia el paladar), posteriores (la lengua se curva hacia atrás y se aproxima al velo) y medios (la lengua está en una posición similar a la del reposo):

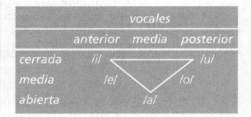

| vocales | | |
|---|---|---|
| anterior | media | posterior |
| cerrada /i/ | | /u/ |
| media | /e/ | /o/ |
| abierta | /a/ | |

### ■ El sistema consonántico

En su variante estándar, el español posee diecinueve fonemas consonánticos. Éstos se pueden clasificar atendiendo a los rasgos distintivos de punto y modo de articulación, resonancia nasal y sonoridad.

### ■ En función del punto de articulación, se distinguen los siguientes tipos de consonantes:

*Bilabiales:* el labio inferior se aproxima o entra en contacto con el labio superior.

*Labiodentales:* el labio inferior se repliega aproximándose o entrando en contacto con los dientes superiores.

*Dentales:* el ápice de la lengua se aproxima o entra en contacto con los dientes superiores.

*Interdentales:* el ápice de la lengua se sitúa entre los dientes superiores e inferiores.

*Alveolares:* el ápice de la lengua se aproxima o entra en contacto con los alvéolos dentales.

*Palatales:* la zona media de la lengua se eleva para aproximarse o entrar en contacto con la zona dura del paladar.

*Velares:* la zona posterior de la lengua se retrae para aproximarse o entrar en contacto con el velo del paladar.

■ **Atendiendo al modo de articulación, las consonantes se dividen en:**

*Oclusivas:* se produce un cierre total de la cavidad bucal, tras el cual se empuja con fuerza el aire.

*Fricativas:* los órganos que intervienen en la fonación se aproximan mucho, pero dejan salir el aire produciendo una fricción.

*Africadas:* se producen consecutivamente una oclusión y una fricción.

*Líquidas:* se produce un contacto total entre algunos órganos, pero no se llega a interrumpir la salida del aire puesto que la oclusión de la boca no es total. Se dividen en:

*Laterales:* el sonido sale por los lados del lugar donde se produce la oclusión.

*Vibrantes:* los órganos que intervienen en la producción del sonido producen una rápida vibración, de modo que el aire sale de forma intermitente; la vibrante puede ser simple, cuando se produce una única vibración, o múltiple, cuando se producen varias.

■ **Según la resonancia, las consonantes se dividen en:**

*Orales:* sólo se utiliza la cavidad bucal.

*Nasales:* se utilizan simultáneamente las cavidades bucal y nasal.

■ **En función de la sonoridad, las consonantes se dividen en:**

*Sonoras:* las cuerdas vocales vibran.

*Sordas:* las cuerdas vocales no vibran.

# Consonantes orales

| Sonoridad | Modo de articulación | Punto de articulación | Fonema | Se representa con: |
|---|---|---|---|---|
| sordas | oclusivas | bilabial | /p/ | letra p: pan. |
| | | dental | /t/ | letra t: tarde. |
| | | velar | /k/ | letras c y k y dígrafo qu: casa, kilo, queso. |
| | fricativas | labiodental | /f/ | la letra f: familia. |
| | | interdental | /θ/ | letras z y c: zapato, cerilla. |
| | | alveolar | /s/ | letra s: sábado. |
| | | velar | /x/ | letras j y g: jarabe, gemido. |
| | africadas | palatal | /tʃ/ | dígrafo ch: chocolate. |
| sonoras | oclusivas | bilabial | /b/ | letras b, v y w: barco, viento, wolframio. |
| | | dental | /d/ | letra d: dedo. |
| | | velar | /g/ | letra g y dígrafo gu: gato, guitarra. |
| | fricativas | palatal | /ʝ/ | letra y: yate. |
| | líquidas laterales | alveolar | /l/ | letra l: luna. |
| | | palatal | /ʎ/ | dígrafo ll: lluvia. |
| | líquidas vibrantes | alveolar (simple) | /ɾ/ | letra r: cara. |
| | | alveolar (múltiple) | /r/ | letra r y dígrafo rr: ratón, carro. |

# Consonantes nasales

| Sonoridad | Modo de articulación | Punto de articulación | Fonema | Se representa con: |
|---|---|---|---|---|
| sonoras | oclusivas | bilabiales | /m/ | letra m: mundo. |
| | | alveolares | /n/ | letra n: nave. |
| | | palatales | /ɲ/ | letra ñ: niña. |

## 2.4. La sílaba

Al emitir un enunciado, los sonidos no se pronuncian aisladamente (como si se deletreara) sino que se agrupan en unidades mayores formadas por más de un sonido, que reciben el nombre de *sílabas*. Una sílaba es, pues, la agrupación de sonidos que constituyen una unidad articulatoria, de intensidad o perceptiva. Por ejemplo, en la pronunciación de la palabra *apagan* los sonidos se agrupan en tres sílabas distintas: *a/pa/gan*.

### ▪ Estructura de la sílaba

Las sílabas siempre tienen un elemento central o *núcleo*, que está constituido por una vocal. Algunas sílabas sólo constan de una vocal. En cambio, en otras sílabas aparecen sonidos antes o después del núcleo. Los sonidos que preceden o siguen al núcleo constituyen el llamado *margen* silábico. El margen que precede al núcleo recibe el nombre de *ataque*, y el que lo sigue, el de *coda*. En el margen pueden aparecer tanto vocales (*ai/re, hue/vo*) como consonantes (*cre/cer*), aunque hay algunas restricciones en las consonantes que pueden formar parte del margen.

> **Morfemas y división silábica**
> La división por sílabas no atiende al significado sino tan sólo a la pronunciación y la percepción; las sílabas son unidades sin significado. Por ello, la división silábica no tiene por qué coincidir con la división en morfemas. Por ejemplo, en la segmentación de morfemas de *desatar* se distingue el prefijo derivativo *des-* y la base *atar*; en cambio, la división silábica de esta voz tiene tres sílabas: *de/sa/tar*.

### ▪ Consonantes en ataque silábico

Precediendo a la vocal que forma el núcleo silábico pueden aparecer una o dos consonantes. Cuando hay una única consonante, ésta puede ser cualquiera de las del español; cuando son dos, sólo son posibles algunas combinaciones:

– Grupos cuyo segundo sonido es *r*: *br, cr, dr, fr, gr, pr, tr*.

– Grupos cuyo segundo sonido es *l*: *bl, cl, fl, gl, pl*.

Si aparecen juntas otras dos consonantes cualesquiera, pertenecen a sílabas distintas: *at/las, ac/ción, an/tes*.

### ▪ Consonantes en coda silábica

La mayoría de la sílabas del español acaban en vocal; son sílabas abiertas. Sin embargo, son también posibles las sílabas cerradas o trabadas, que acaban en consonante: *in/to/ca/ble*, *des/pun/tar*. Sólo pueden aparecer consonantes en coda silábica cuando la sílaba siguiente empieza a su vez por consonante, pero cuando aparece una única consonante entre dos vocales, pertenece siempre al ataque de la segunda sílaba.

No todas las consonantes pueden aparecer en coda silábica: no es habitual la *j*, y la *ñ* no aparece nunca. Las agrupaciones de dos consonantes en coda son poco frecuentes. Sólo son posibles las siguientes combinaciones: *bs* (*abs/ten/ción*), *ds* (*ads/cri/bir*), *ns* (*ins/ti/gar*) y *rs* (*pers/pi/caz*). También los dos sonidos *ks* con que se pronuncia la letra *x*: *ex/tra/er* (pronunciado *eks/tra/er*).

## ■ Aparición de dos o más vocales contiguas

Dentro de la palabra, puede ocurrir que haya dos o más vocales contiguas, en cuyo caso pueden formar una sola sílaba o pertenecer a sílabas distintas. Tenemos, así, tres fenómenos diferenciados:

– el diptongo (combinación de dos vocales contiguas en una misma sílaba);

– el triptongo (combinación de tres vocales contiguas en una misma sílaba);

– el hiato (dos vocales contiguas forman parte de sílabas distintas).

En los hiatos, las dos vocales que se hallan en contacto forman parte de otras tantas sílabas; ambas son núcleo silábico. En los diptongos y triptongos, en cambio, sólo una de las vocales constituye el núcleo silábico, mientras que las restantes forman parte del ataque o de la coda, y tienen una pronunciación a medio camino entre la de las vocales y la de las consonantes.

**Acentuación de diptongos y hiatos**
Desde el punto de vista de las reglas de acentuación, se considera que existe siempre diptongo cuando una vocal abierta (*a, e, o*) está en contacto con otra cerrada átona (*i, u*), o cuando hay dos vocales cerradas contiguas, lo que no siempre coincide con la pronunciación real. Así, a efectos ortográficos, *guion* es monosílaba y no se acentúa, aunque se acepta la pronunciación en hiato, con lo cual es voz bisílaba acabada en -*n* y, conforme a las reglas de acentuación, se acentúa: *guión*. La *Ortografía* (1999) de la Real Academia Española acepta, por ello, ambas grafías.

| Fenómeno | Combinaciones posibles en español | Ejemplos |
|---|---|---|
| Diptongo | • **Diptongo creciente:** se da en las combinaciones de una vocal cerrada (*i, u*) seguida de otra abierta (*a, e, o*), o de dos vocales cerradas contiguas:<br><br>    *ia, ie, io, ua, ue, uo, ui, iu*<br><br>*La primera vocal forma parte del ataque y la segunda constituye el núcleo.* | ciática, historia, cliente, estudie, ansioso, oficio, aduana, lengua, huésped, tenue, cuota, continuo, descuido, cuidado, triunfo, ciudad |
| | • **Diptongo decreciente:** se da en las combinaciones de una vocal abierta (*a, e, o*) seguida de otra cerrada (*i, u*):<br><br>    *ai, ei, oi, au, eu, ou*<br><br>*La vocal abierta constituye el núcleo y la vocal cerrada forma parte de la coda.* | baile, paisano, peine, amaseis, oigo, boicoteo, caucho, balaustrada, deudo, euforia, Sousa, Bousoño |
| Triptongo | • *Se produce en las combinaciones de una vocal abierta (a, e, o) precedida y seguida de una vocal cerrada (i, u):*<br><br>    *iai, iei, iau, ioi, uai, uei, uau*<br><br>*El núcleo es siempre la vocal abierta.* | despreciáis, copiéis, miau, epitelioide, efectuáis, buey, guau |
| Hiato | • *Dos vocales abiertas contiguas (a, e, o) siempre pertenecen a sílabas distintas.* | aldela, caler, otelar, pelón, torelo, bola, cacalo |
| | • *Una vocal abierta átona (a, e, o) en combinación con otra cerrada tónica (i, u) siempre forma hiato:*<br><br>    *ía, íe, ío, úa, úe, úo*<br>    *aí, eí, oí, aú, eú, oú* | díla, rílete, lílo, cacatúla, fluctúle, dúlo, arcalísmo, crelíste, olido, alúpate, felúcho |
| | • *En ocasiones, la combinación de una vocal abierta seguida o precedida de una vocal cerrada no forma diptongo sino hiato; es decir, las dos vocales se pronuncian en sílabas separadas.* | vilaje, rileron, bilombo, guilón, actulemos, fastuloso, relhilar, prolhibido, alunar, relunir |
| | • *Existe cierta vacilación en la pronunciación como diptongo o hiato de dos vocales cerradas consecutivas; a menudo, una u otra solución depende de la zona geográfica o del hablante.* | diluro, diluresis, frilísimo, destrulido, antilhistamínico |

# 2

## 2.5. Los rasgos suprasegmentales

Las características fónicas que afectan a más de un fonema reciben el nombre de *rasgos suprasegmentales*. Son dos: el acento y la entonación.

### ■ El acento

El acento es un rasgo fonológico que otorga mayor prominencia a una sílaba frente a las demás. En español, el acento permite diferenciar el significado de las palabras, y es siempre de intensidad: indica la mayor fuerza con que pronunciamos la sílaba.

En función del acento, las palabras se dividen en tónicas y átonas. Son tónicas las palabras que tienen una sílaba acentuada, y átonas las que no tienen ninguna sílaba acentuada. En español son tónicas la gran mayoría de palabras: todos los sustantivos, los adjetivos, los verbos y las interjecciones, así como casi todos los adverbios y muchos de los pronombres. En cambio, son átonos los artículos, las preposiciones (excepto *según*), las conjunciones y algunos pronombres.

### ■ La entonación

Una misma oración puede variar su significado según la inflexión con que se pronuncie. Esta característica se denomina *entonación;* la entonación es, pues, un rasgo suprasegmental que afecta a segmentos mayores que la sílaba, y que consiste en una modificación del tono.

En el decurso de la pronunciación de un enunciado, las palabras se agrupan en unidades mayores separadas por pausas, en cadenas fónicas llamadas *grupos tónicos.* Estos grupos tónicos marcan las unidades de la entonación, al tiempo que forman núcleos de significado. El tipo de entonación depende de la inflexión final del grupo tónico, conocida como *tonema,* que se extiende desde la última sílaba tónica hasta el final del grupo tónico.

En español se distinguen los siguientes tonemas:

### ■ Tonemas ascendentes:

Elevan el tono con respecto al resto del grupo. Presentan dos posibilidades: anticadencia (máxima elevación de tono posible) y semianticadencia (elevación menor que la anterior).

■ **Tonemas descendentes:**

Descienden el tono por debajo de lo normal. También presentan dos posibilidades: cadencia (máximo descenso de tono posible) y semicadencia (descenso menor, cercano al tono normal).

La entonación varía en función de las modalidades oracionales, que tienen las siguientes características tonales:

■ **Entonación enunciativa:**

Con un solo grupo fónico, termina en cadencia:

*Me gusta el cine.*

Con dos grupos, el primero termina con anticadencia y todos los demás, con cadencia:

*Al verlo / me fui corriendo.*

Con más grupos, presenta varias posibilidades:

En una enumeración, el grupo final se pronunciará como cadencia; el penúltimo, como anticadencia, y todos los anteriores, como semicadencia:

*Me gustan / los meses de junio, / julio / y agosto.*

En una oración interrumpida por una subordinada o cualquier elemento parentético, los grupos intercalados terminarán con anticadencia, y el que los precede, con semianticadencia:

*En la plaza, / junto a la farola, / vi a María.*

■ **Entonación interrogativa:**

Presenta una anticadencia final:

*¿Dónde estabas?*

■ **Entonación exclamativa:**

La entonación general es algo más alta que en las oraciones enunciativas, y termina con una cadencia que presenta un descenso mayor que en las oraciones enunciativas.

*¡Hace tanto frío!*

■ **Entonación imperativa:**

El tonema final es de cadencia, precedido de una ligera elevación del tono:

*¡Sentaos todos!*

# esumen apartado 2

La **fonología** es la rama de la lingüística que estudia los sonidos de las lenguas naturales en cuanto unidades que cumplen una función en el sistema de la lengua. La unidad mínima de análisis de la fonología es el fonema, unidad abstracta con capacidad de distinguir unas palabras de otras. Los fonemas se definen por un conjunto de rasgos distintivos, que se establecen en función de criterios articulatorios. En español hay veinticuatro fonemas, cinco vocálicos y diecinueve consonánticos.

Al emitir un enunciado, los sonidos se agrupan en unidades mayores formadas por más de un sonido, las **sílabas**. En español, están constituidas por un elemento central o núcleo, que es siempre una vocal, y que puede ir precedido o seguido de otros sonidos, que constituyen el llamado *margen* silábico. En el margen pueden aparecer tanto consonantes como vocales —en los denominados *diptongos* y *triptongos*—. Un diptongo es una combinación de dos vocales que forman parte de la misma sílaba, y un triptongo, la combinación de tres vocales en la misma sílaba; en cambio, dos vocales contiguas pertenecientes a sílabas distintas constituyen un hiato.

Las características fónicas que afectan a más de un fonema reciben el nombre de *rasgos suprasegmentales*. Son el acento y la entonación. El **acento** es un rasgo fonológico que otorga mayor prominencia a una sílaba frente a las demás. Según el lugar que ocupa la sílaba acentuada o sílaba tónica, las palabras se clasifican en agudas (última sílaba), llanas (penúltima), esdrújulas (antepenúltima) y sobreesdrújulas (anterior a la antepenúltima).

La **entonación** es un rasgo suprasegmental que afecta a una oración entera y que consiste en una modificación del tono. Permite diferenciar la modalidad oracional (oración enunciativa, interrogativa, exclamativa e imperativa). El tipo de entonación depende de la inflexión final del grupo tónico, conocida como *tonema;* el tonema puede ser ascendente (anticadencia y semianticadencia) o descendente (cadencia o semicadencia).

# 3 Morfología

La morfología es una disciplina lingüística que estudia las palabras de una lengua desde el punto de vista formal. El objeto de estudio de la morfología es doble. Por un lado, analiza la estructura interna de las palabras; este análisis se efectúa descomponiendo los vocablos en unidades menores con significado, los llamados *morfemas*, y estableciendo qué reglas determinan la combinación de morfemas para formar nuevas voces de la lengua. Por otro lado, clasifica las palabras en distintas clases (las llamadas *clases de palabras* o *categorías gramaticales*) a partir de ciertas características formales comunes; así mismo, describe estas características formales y determina los paradigmas flexivos que para cada una de las categorías gramaticales permiten obtener las distintas variantes flexivas de un vocablo.

## 3.1. Los morfemas

Las palabras de la lengua se pueden segmentar en unidades menores, que son sus elementos integrantes. La unidad menor del análisis morfológico es el morfema, que se puede definir como la unidad gramatical mínima o la unidad mínima con significado léxico o gramatical.

### ■ Clasificación de los morfemas

Los morfemas se pueden clasificar atendiendo a distintos criterios: según su posición (criterio distribucional), según su significado (criterio semántico) y según sus características sintácticas (criterio sintáctico).

### ■ Criterio distribucional

La distribución de los morfemas en la palabra opone *raíces* a *afijos*.

*Raíz:* se trata del elemento que aporta el significado básico de la mayoría de las palabras y es indivisible en unidades menores con significado. Se mantiene invariable en todas las realizaciones flexivas de una palabra, y suele ser común a las distintas palabras de una misma familia. Por ejemplo, *clar-* en *claro, clara, clarear, claridad*.

**3**

*Afijos:* se adjuntan a una raíz o al conjunto formado por una raíz más otros afijos. Forman palabras nuevas por derivación, como *re-* en *rehacer, reescribir* o *reconstruir*, o indican nociones gramaticales como la persona, el número o el género.

Se suele denominar *base* al segmento morfológico al cual se adjunta un afijo, ya sea una raíz (como *cubrir* en *descubrir*) o el conjunto de una raíz más otros afijos (como *descubrir* en *redescubrir*).

■ **Criterio semántico**

Según su significado, los morfemas se dividen en morfemas léxicos y gramaticales.

*Morfemas léxicos:* tienen significado; designan un concepto (prototípicamente, objetos en los nombres; acciones, estados o procesos en los verbos; y cualidades en los adjetivos). Por ejemplo, *alt-* en *alto, alta, altos, altas*.

*Morfemas gramaticales:* no tienen significado léxico, sino que modifican una base con contenido léxico. Su función consiste en aportar significado gramatical (nociones como tiempo, modo, persona, género, etc.). Por ejemplo, los morfemas *-o, -a* de género gramatical y el morfema *-s* de número en *alto, alta, altos, altas*, o las partículas *y, a* o *de*.

■ **Criterio sintáctico**

Las características sintácticas de los afijos permiten distinguir los morfemas libres de los ligados.

*Morfemas libres:* tienen autonomía sintáctica, y pueden por tanto aparecer constituyendo un enunciado independiente. Por ejemplo, *sí, no, siempre* o *nunca*. También son morfemas libres las raíces de palabras flexivas que pueden aparecer sin marcas de flexión, como *pan* o *mar*.

*Morfemas ligados:* sólo pueden aparecer asociados a otros morfemas. Por

**Problemas del criterio semántico**

El criterio semántico se aplica de forma nítida a la clasificación de las raíces (que son siempre morfemas léxicos) y de los afijos flexivos (que se corresponden siempre con morfemas gramaticales). Sin embargo, presenta dificultades a la hora de caracterizar los afijos derivativos, puesto que por un lado aportan cierto significado léxico (por ejemplo, *re-* tiene el significado de 'repetición', o *-ería* el de 'establecimiento de venta'), pero por otro lado aportan significado gramatical, ya que pueden modificar la categoría de la base (*-al* forma adjetivos a partir de nombres).

ejemplo, los morfemas flexivos y las raíces de palabras que no pueden aparecer sin marcas de flexión, como *niñ-*, *alt-*, o *cant-*. También son morfemas ligados las preposiciones, las conjunciones y los pronombres personales átonos, pues requieren la presencia de la palabra a la cual introducen o modifican.

## ■ Clasificación de los afijos

Los afijos se pueden clasificar atendiendo a la posición que ocupan en la palabra o a la función que desempeñan.

### ■ Según la posición

La posición que los afijos ocupan en la palabra permite distinguir prefijos, sufijos, interfijos y circunfijos.

*Prefijos:* preceden a la raíz o a otro prefijo, como *re-* o *des-* en *descubrir* o *redescubrir*. Se denominan asimismo *elementos prefijales* las raíces griegas y latinas que intervienen en la formación de palabras ocupando una posición análoga a la de los prefijos (*audio-* en *audiovisual*).

*Sufijos:* suceden a la raíz o a otro sufijo, como *-dor* en *corredor* o *vendedor*, o *-a* en *corredora* o *vendedora*. Reciben asimismo el nombre de *elementos sufijales* las raíces griegas y latinas que ocupan la misma posición que los sufijos en la formación de nuevas voces (*-cida* en *insecticida*).

*Interfijos:* se insertan entre las dos bases integrantes de una voz compuesta, como *-i-* en *cejijunto*. También se denominan interfijos los segmentos carentes de significado que se insertan entre la raíz y los sufijos de algunas palabras derivadas, como *-cec-* en *piececito* o *-ar-* en *polvareda*.

*Circunfijos:* son afijos discontinuos formados por un prefijo y un sufijo que se adjuntan de forma simultánea a una base para formar una nueva palabra por parasíntesis. Así, por ejemplo, *en-...-ecer* en *entristecer* o *a-...-ar* en *aclarar*.

### ■ Según la función

Según la función, se distinguen los afijos derivativos de los afijos flexivos.

Los **afijos derivativos** se adjuntan a una palabra o a una base existente para formar una palabra o una base distinta. Se pueden clasificar atendiendo a dos criterios:

## a) Según la categoría gramatical resultante

– Derivación heterocategorial o heterogénea: el afijo derivativo cambia la categoría gramatical de la base resultante; por ejemplo -*ción*, que forma nombres a partir de verbos (*admiración* de *admirar*, o *continuación* de *continuar*).

– Derivación homocategorial u homogénea: el afijo derivativo no cambia la categoría gramatical de la base a la cual se adjunta; por ejemplo -*ería*, que forma nombres a partir de nombres (*papelería* de *papel* o *pastelería* de *pastel*).

## b) Según el significado

– Afijos significativos: cambian la clase de la palabra o la base a la cual se adjuntan, como de *colegio* a *colegial* (de nombre a adjetivo), o su subclase, como de *reloj* a *relojero* (de *objeto* a *persona*).

– Afijos apreciativos: forman una palabra de la misma clase y subclase que la base, pero añaden un matiz significativo de tamaño o de actitud del hablante frente a lo dicho, o ambas cosas a la vez. Se distinguen los diminutivos, que indican tamaño reducido o afecto (-*ito* en *cochecito* o *suavecito*); los aumentativos, que indican gran tamaño o ponderación (-*azo* en *cochazo*); los despectivos, que aportan noción de desprecio o burla (-*aco* en *pajarraco*), y, finalmente, los apreciativos, que indican actitud positiva frente a lo dicho, a menudo asociada con tamaño grande (-*ote* en *grandote* o *archi*- en *archiconocido*).

Los **afijos flexivos**, a su vez, aportan únicamente información gramatical. No crean palabras nuevas, sino variantes de la misma palabra. Proporcionan la siguiente información:

## a) Flexión nominal. El morfema de género gramatical indica si la palabra es masculina o femenina; por ejemplo, -*o* y -*a* en *gato* y *gata*. El morfema de número indica si una palabra está en singular o en plural; así, -*s* en *gatos* indica que se trata de un plural.

## b) Flexión verbal. Se distinguen las nociones de persona (primera, segunda o tercera), número (singular o plural), tiempo (presente, pasado o futuro), modo (indicativo o subjuntivo) y aspecto (perfectivo e imperfectivo). A menudo, un mismo morfema verbal puede vehicular más de un contenido gramatical diferente. Por ejemplo, en *cantábamos*, el morfema -*ba*- indi-

ca tiempo pasado, modo indicativo y aspecto imperfectivo, y el morfema *-mos* indica primera persona y número plural.

## 3.2. La formación de palabras

El léxico de una lengua no constituye un conjunto cerrado y estable de unidades, sino que con el paso del tiempo va modificándose, añadiendo vocablos para satisfacer nuevas necesidades expresivas o eliminando palabras que por diversas razones han quedado anticuadas. Salvo en algunas pocas categorías gramaticales que tienen un inventario de unidades cerrado (como los determinantes, las conjunciones o algunos adverbios), la mayoría de parcelas del léxico ven constantemente ampliado su repertorio con la incorporación de neologismos. Una de las principales fuentes de creación de voces neológicas la constituye, junto con el préstamo de otras lenguas, la formación de palabras nuevas mediante recursos lingüísticos.

### ■ La derivación

La derivación es un proceso de formación de nuevas palabras que consiste en añadir un afijo derivativo a una base léxica, ya sea a una raíz, ya al conjunto de formado por una raíz más otro(s) afijo(s). Según el tipo de afijo utilizado en la derivación se distingue la prefijación, la sufijación y la parasíntesis.

### ■ Prefijación

Consiste en la derivación por medio de un prefijo (*des*-hacer, *in*-usual). Las principales características de las palabras formadas por prefijación son las siguientes:

Como regla general, los prefijos no cambian la categoría de la base a la cual se adjuntan. De este modo, por ejemplo, un derivado por prefijación de un verbo es otro verbo (*re*inventar de inventar, o *des*montar de montar), o un derivado de un adjetivo es otro adjetivo (*in*capaz de capaz, o *a*moral de moral). No obstante, unos pocos prefijos pueden crear adjetivos a partir de nombres (por ejemplo, *anti*vuelco o *multi*uso).

Prácticamente todos los prefijos cambian el significado de la base a la cual se adjuntan, de tal forma que la voz resultante tiene un significado distinto del que tenía la base. Sin embargo, unos pocos prefijos aportan tan sólo un matiz de intensificación (como *archi-* en archifamoso o *requete-* en requeteconocido).

Pueden actuar como prefijos algunas preposiciones: _contraata-car_ o _anteponer_. Se las denomina _prefijos separables_, ya que pueden aparecer como voces independientes. La derivación con estos prefijos se asemeja a la composición.

- **Sufijación**

Consiste en la derivación por medio de un sufijo (_frut-ero, maquin-ista_). La sufijación responde a las siguientes características:

Muchos sufijos seleccionan la categoría gramatical de la base a la cual se pueden adjuntar. Algunos de ellos no cambian la categoría de dicha base, pero otros la pueden modificar, y crear verbos a partir de nombres, o nombres de adjetivos, etc. Por ejemplo, los que aparecen en la siguiente tabla:

| Crea nombres | | | Crea verbos | | | Crea adjetivos | | |
|---|---|---|---|---|---|---|---|---|
| Sufijo | A partir de | Ejemplo | Sufijo | A partir de | Ejemplo | Sufijo | A partir de | Ejemplo |
| -aje | Nombres | _cortinaje_ | -ear | Nombres | _golear_ | -al | Nombres | _teatral_ |
| -dor | Verbos | _vendedor_ | -ecer | Nombres o adjetivos | _florecer palidecer_ | -ble | Verbos | _habitable_ |
| -ura | Adjetivos | _frescura_ | | | | -avo | Numerales | _onceavo_ |

Entre los sufijos derivativos se distinguen claramente dos grupos: los significativos, que cambian el significado de la base a la que se adjuntan (como -_ería_ que crea nombres con significado 'establecimiento donde se vende algo': _papelería_ de _papel_), y los apreciativos, que únicamente añaden un matiz de valoración o tamaño (como los diminutivos -_ito, -illo_ o -_ico_).

- **Parasíntesis**

Es un proceso de derivación que utiliza un circunfijo (es decir, se añade de forma simultánea un prefijo y un sufijo). La parasíntesis se caracteriza principalmente porque existe la palabra derivada mediante este proceso, pero no existe una palabra resultante de añadir sólo un prefijo o un sufijo a la base. Por ejemplo, _en-roj-ecer_ (pero no es posible *_rojecer_ o *_enrojo_), _en-lat-ar_, (pero no existe el sustantivo *_enlata_ o el verbo *_latar_) o _a-tont-ar_ (pero no se da *_tontar_ ni el adjetivo o sustantivo *_atonto_).

Fundamentalmente, es un proceso de creación de verbos (*acortar, ennegrecer*). También se pueden formar adjetivos, que en ocasiones tendrían su origen en el participio de un verbo inexistente: *achinado, acampanado, enzapatillado*.

## ■ La composición

Se forma una nueva palabra mediante la combinación de dos o más voces o bases: *pisapapeles, picapedrero, correveidile, cantamañanas*. Sin embargo, bajo el término de *composición* se engloban fenómenos que resultan de procesos parcialmente distintos y que se muestran en la siguiente tabla:

| Tipo de compuesto | Formado por | Ejemplos |
|---|---|---|
| Compuesto léxico o propio | Dos palabras | *bocacalle, cubrecamas* |
| | Dos bases o palabras con alguna modificación fónica | *pelirrojo, altisonante* |
| Compuesto sintagmático o impropio | Una oración completa | *bienmesave, correveidile* |
| | Un sintagma con sentido propio | *fin de semana, cortina de humo* |

## ■ Compuestos léxicos

En los compuestos léxicos, pueden intervenir formas flexivas completas (*lavamanos*), pero a menudo la primera de las voces pierde alguno de sus elementos integrantes (*agridulce*, que proviene de *agrio*). Asimismo, es posible que entre los dos componentes aparezca un interfijo (esto es, un morfema sin significado): *man-i-atar*.

## ■ Compuestos sintagmáticos

Pueden ser el resultado de la fijación de una oración completa. En tal caso, el compuesto se utiliza como una única palabra, en la que han quedado cohesionados todos los componentes. También pueden estar formados por un sintagma fijo que tiene un significado  propio, que no se deriva de la suma del significado de sus componentes; al tener lexicalizado su significado, los compuestos de este tipo tienen una gran cohesión interna, y presentan un comportamiento sintáctico muy rígido. Así, por ejemplo, es posible *orden del día*, pero no *\*orden de un día* ni *\*orden del otro día*.

## ■ Utilización de raíces griegas o latinas

La utilización de raíces cultas grecolatinas es frecuente en los procesos de formación de nuevas palabras, especialmente en las disciplinas científicas y técnicas. Las voces en cuya formación intervienen estos elementos no pueden considerarse propiamente compuestas, puesto que la mayoría de estas raíces no pueden aparecer de forma aislada (no son, pues, palabras del español); pero tampoco pueden considerarse en rigor palabras derivadas, puesto que tienen un comportamiento peculiar que los aleja de los auténticos afijos:

– Se suelen combinar con otras raíces griegas o latinas (pocas veces con bases españolas).

– A veces se comportan como sufijos y otras, como prefijos (*monolito* pero *litografía; filólogo* pero *logotipo*).

– Tienen un significado léxico más próximo al de las raíces que al de los afijos.

Se trata, pues, de elementos mixtos, de tal modo que el proceso de formación mediante estas raíces cultas se sitúa a medio camino entre la derivación y la composición.

## ■ Otros procesos de formación de palabras

Existe una serie de procesos de formación de palabras que tienen entre sí la característica común de que suponen el acortamiento de una o más palabras existentes. Son los acortamientos léxicos, los acrónimos y las siglas.

## ■ Acortamientos léxicos

Se trata de un proceso de formación de palabras con el que se crea una nueva voz con un segmento de otra voz de la lengua (generalmente el inicio de la misma): *poli* (de *policía*) o *moto* (de *motocicleta*). El acortamiento tiene el mismo significado y pertenece a la misma categoría gramatical que la forma completa. En general, los acortamientos suelen ser propios de la lengua oral o de registros informales, pero en ocasiones llegan a extender su uso a otros registros (como ha ocurrido, por ejemplo, en *taxi, cine, foto* o *metro*).

■ **Acrónimos**

El proceso de la acronimia crea nuevas voces a partir de segmentos de dos o más palabras existentes que constituyen un sintagma. Por regla general, se toma el principio de la primera palabra y el final de la segunda (como en *apartotel*, de *apartamento* y *hotel*, o en *ofimática*, de *oficina* e *informática*), aunque existen también otras posibilidades (como en *tergal*, de *poliéster* y *galo*).

■ **Siglas**

Una sigla es una voz formada a partir de las letras iniciales de otras tantas palabras que constituyen una unidad sintáctica, generalmente un nombre propio: *OTAN*, de *Organización del Tratado del Atlántico Norte*; *ESO*, de *Enseñanza Secundaria Obligatoria*. Pocas veces las siglas llegan a crear nuevas palabras (como ocurre, por ejemplo en *ovni* o *sida*).

## 3.3. Las categorías gramaticales

Las semejanzas que en diversos aspectos presentan entre sí las palabras permiten agruparlas en distintas categorías gramaticales (o clases de palabras). La clasificación de las categorías gramaticales contempla cuatro factores distintos:

*Función:* la función sintáctica que desempeñan en la oración es el principal criterio para establecer la clasificación de las categorías gramaticales; por ello, también reciben el nombre de *partes de la oración*.

*Variación formal:* hay algunas categorías que presentan variación de flexión (como el nombre o el verbo), y otras que son invariables (como la conjunción o la preposición).

*Significado:* tradicionalmente, el significado ha sido el criterio más utilizado para categorizar las partes de la oración; sin embargo, es un aspecto que, por sí solo, no permite distinguir unas categorías gramaticales de otras.

### Las interjecciones
Algunos gramáticos añaden a la clasificación de categorías la llamada *interjección*. Las interjecciones son palabras aisladas que constituyen por sí solas un enunciado exclamativo independiente; se usan para expresar un sentimiento, llamar la atención, saludar, imitar un sonido, etc.: ¡ah!, ¡atiza!, ¡toma ya! Sin embargo, al funcionar como una oración completa, no son en rigor una parte de la oración, y no pueden desempeñar ninguna de las funciones de las demás categorías gramaticales (sujeto, objeto, predicado, etc.).

**3** *Clase abierta o cerrada:* algunas categorías gramaticales constituyen clases con un inventario de unidades cerrado, que no se puede ampliar con palabras de nueva creación (por ejemplo, las preposiciones), mientras que otras ven ampliado constantemente su repertorio (por ejemplo, verbos o adjetivos).

Tradicionalmente se han establecido, según estos criterios, ocho categorías gramaticales distintas: nombre, adjetivo, verbo, adverbio, preposición, pronombre, determinante y conjunción.

| Categoría | Función | Palabra variable o invariable | Significado | Clase abierta o cerrada |
|---|---|---|---|---|
| Nombre | Prototípicamente, es el núcleo del sintagma que desempeña la función de sujeto (*un gato come*), de objeto directo (*tengo un gato*) o de término de preposición (*para un gato*). También puede ser predicado con un verbo copulativo (*este animal es un gato*). | Salvo algunas pocas excepciones, tiene flexión de número: *dedo-s, baúl-es*. Tiene siempre género intrínseco; a veces, flexión de género: *niño, -a, gato, -a.* | Los nombres comunes designan clases de objetos, y los nombres propios, objetos únicos. | Abierta |
| Adjetivo | Es el núcleo de un sintagma adjetivo que desempeña la función de complemento del nombre (*persona cansada*), de atributo (*estoy cansada*) o de complemento predicativo (*llegó cansada*). | Puede tener flexión de género (masculino y femenino) y de número (singular o plural): *rojo, -a, -os, -as.* No tiene género y número intrínsecos, sino que los adquiere por concordancia. | Denota propiedades o cualidades que predica del nombre al cual complementa. | Abierta (salvo algunas palabras gramaticales). |
| Verbo | Es el núcleo del sintagma verbal, que es el predica- | Tiene flexión de: *tiempo:* presente, pasado y futuro; | Puede expresar una acción, un proceso o un esta- | Abierta. |

| Categoría | Función | Palabra variable o invariable | Significado | Clase abierta o cerrada |
|---|---|---|---|---|
| Verbo | do de la oración. Exige argumentos (sujeto y complementos) y admite modificadores (complementos circunstanciales, negación, etc.). | *modo:* indicativo, subjuntivo, imperativo; *aspecto:* perfectivo, imperfectivo; *persona:* primera, segunda, tercera; *número: singular, plural.* | do que realiza o sufre un sujeto. Su significado fundamental consiste en establecer una *predicación:* se relaciona con uno o más argumentos de los cuales *predica* una acción, un proceso o un estado. | |
| Adverbio | Modifica un verbo (como complemento circunstancial), un adverbio o un adjetivo (indicando cantidad o grado), o la oración o el enunciado como un todo (indicando el punto de vista, la modalidad, etc.). | No tiene flexión. Admite variación de grado. | Indica nociones relativas al tiempo, modo, lugar, cantidad, etc., del elemento al cual modifica. | Los adverbios en *-mente* son una clase abierta; el resto, una clase cerrada. |
| Preposición | Sirve de nexo entre un elemento sintáctico cualquiera y su complemento; introduce sustantivos, adjetivos, adverbios y verbos en formas no personales. Se distingue de las conjunciones subordinantes en que la preposición no puede introducir directamente oraciones (aunque puede preceder a las conjunciones subordinantes *si* y *que*). | No tiene flexión. | Hay algunas preposiciones con significado propio (como *sin* o *bajo*), que hacen explícita la relación existente entre los elementos que relacionan. Otras preposiciones no tienen significado léxico, o tienen un significado muy laxo que depende del contexto (por ejemplo, la preposición *a* que introduce el objeto directo: *vi a Manuel*). | Cerrada. |

| Categoría | Función | Palabra variable o invariable | Significado | Clase abierta o cerrada |
|---|---|---|---|---|
| Determinante | Determina o especifica a un nombre común o a otra categoría que desempeña la misma función de un nombre. | Tiene flexión de género (el/la) y de número (la/las). | Fija la referencia de un sintagma nominal; es decir, el nombre común, que sin determinante designa una clase, pasa a designar un objeto o ser concreto cuando está actualizado por un determinante. | Cerrada. |
| Pronombre | Constituye por sí solo un sintagma nominal, y realiza las funciones propias de éste: sujeto, objeto directo o término de preposición. | Tiene flexión de número. Algunos tienen flexión de género, y algunos tienen flexión de persona. Los pronombres personales presentan variación de caso (es decir, son distintos en virtud de la función sintáctica que desempeñen). | No tiene significado léxico inherente, sino que adquiere su significado en función del contexto lingüístico o extralingüístico en el que se usa. | Cerrada. |
| Conjunción | Cumple una función de enlace entre oraciones o entre elementos constitutivos de una oración (palabras o sintagmas), bien sean elementos jerárquicamente equivalentes (conjunciones coordinantes), bien mantengan entre sí una relación de subordinación sintáctica (conjunciones subordinantes). | No tiene flexión. | Hace explícita la relación que se establece entre los elementos que relaciona: adición, oposición o alternativa (conjunciones coordinantes), y causa, consecuencia, finalidad, condición u oposición (conjunciones subordinantes). | Cerrada. |

## 3.4. El nombre

El nombre, también llamado *sustantivo*, es una clase de palabras que se caracteriza por ser el núcleo del sintagma que prototípicamente desempeña la función de sujeto *(un gato come)*, de objeto directo *(tengo un gato)* o de término de preposición *(para un gato)*, aunque también puede realizar otras funciones, como la de predicado de un verbo copulativo *(este animal es un gato)*. Desde el punto de vista de la variación flexiva, el nombre suele tener flexión de número (*casa* frente a *casas*). Además, tiene siempre género intrínseco, de modo que exige concordancia en femenino o masculino a los determinantes, pronombres y adjetivos; en algunas ocasiones, los nombres tienen también flexión de género *(león, leona; chico, chica)*. Desde el punto de vista del significado, los nombres comunes se caracterizan por designar clases de objetos, mientras que los nombres propios refieren a objetos únicos.

### ■ Tipos de nombre

La primera gran división en el seno de la clase de los nombres opone nombres comunes a nombres propios. Dentro de los primeros se distingue, además, entre nombres contables y no contables, y nombres individuales y colectivos.

### ■ Nombre propio y nombre común

Un nombre propio designa un objeto o ser único. Por ejemplo, *Mediterráneo* designa un mar en concreto, y no un mar cualquiera. En cambio, un nombre común (o apelativo) designa una clase, pero no una entidad concreta perteneciente a esa clase. Por ejemplo, *perro* refiere a todos los seres de la clase *perro*, pero no a un ser en concreto; para que la referencia se haga a un ser concreto, el sustantivo común debe individuarse o actualizarse con un determinante: *el perro*.

Dicho de otro modo, un nombre propio expresa *cómo se llama* una determinada entidad, mientras que un nombre común expresa *qué es* una determinada entidad. Los nombres propios se escriben siempre con mayúscula inicial.

Ambos tipos de nombre tienen una serie de características, que se ofrecen en la siguiente tabla:

**3**

| Nombres propios | Nombres comunes |
|---|---|
| No tienen significado léxico sino que designan un ser único. | Tienen significado léxico. |
| Constituyen por sí solos un sintagma nominal. Por ello, no admiten determinantes ni complementos especificativos, y pueden ejercer las funciones propias de los sintagmas nominales (sujeto, objeto o término de preposición). | Constituyen el núcleo de un sintagma nominal, y salvo algunas excepciones, no pueden ejercer por sí solos las funciones propias de este tipo de sintagmas, sino que necesitan de determinantes y adjetivos para ello. |
| En muchas ocasiones, son intraducibles. | Suelen admitir traducciones a otras lenguas. |
| Pueden ser nombres de persona (nombres de pila, apellidos, hipocorísticos y apodos), nombres geográficos (de ciudades, países, ríos, etc.), de instituciones y marcas (a menudo en forma de siglas) o de productos concretos de la actividad humana (obras de arte, edificios, puentes, etc.). | Se clasifican, según su significado y sus características gramaticales, en contables y no contables y en individuales y colectivos. |

**Nombre propio y artículo**
En ocasiones, los nombres propios admiten determinantes y complementos especificativos: *la España de la posguerra; el Juan que yo conocí*. En tales ocasiones, se toma el nombre propio como una clase formada por distintas entidades que pueden especificarse, y tiene un comportamiento similar al de los nombres comunes. También se suele usar el artículo ante los nombres propios de persona en la lengua oral: *la Rosa, el Juan*.

■ **Nombres contables y no contables**

Los nombres contables (también llamados *discontinuos* o *discretos*) designan realidades que no pueden dividirse sin dejar de ser lo que son; por ejemplo, *un trozo de una silla* no es *una silla*. En cambio, los no contables (también llamados *continuos* o *de materia*) designan realidades que conservan su misma naturaleza y nombre cuando se dividen en otras menores. Así, *un poco de vino* es *vino*, y *un pedazo de pan* es *pan*.

Los sustantivos contables y los no contables tienen distinto comportamiento gramatical, que se indica en la siguiente tabla:

| Nombres contables | Nombres no contables |
|---|---|
| Cuando aparecen con cuantificadores, se indica el número de objetos que hay: *veinte libros, muchos poemas*. | Con cuantificadores se indica la cantidad, pero no el número: *mucha agua, poca mantequilla*. |
| En plural, denotan una colectividad de objetos: *los libros* denota varios objetos de la clase *libro*. | En plural, denotan distintas clases o porciones de la materia: *los vinos* significa distintos tipos o botellas de vino. |
| Como objeto del verbo en singular, requieren determinante: *quiero un libro*. | Como objeto del verbo en singular, sin determinante designan la materia *(quiero agua)* y con determinante designan porciones o clases: *(quiero un agua)*. |
| Como complemento preposicional, indican algo distinto de la materia de algo: *mesa de despacho*. | Como complemento preposicional, indican la materia de la que está hecha algo: *mesa de cristal*. |

■ **Nombres individuales y colectivos**

Los nombres colectivos son sustantivos que en singular designan conjuntos o agrupaciones de seres y objetos (como *vecindario* o *alumnado*), mientras que los nombres individuales expresan en singular una sola entidad (como *coche* o *árbol*):

| Nombres colectivos | Nombres individuales |
|---|---|
| Aceptan el adjetivo *numeroso* en singular: *vecindario numeroso, alumnado numeroso*. | No pueden llevar el adjetivo *numeroso* en singular. |
| Pueden ser término de la preposición *entre* en singular: *entre el público, entre el vecindario*. | Sólo pueden ser término de la preposición *entre* en plural o coordinados: *entre los libros; entre un árbol y el otro*. |
| Pueden ser en singular complemento de verbos como *combinar, juntar, reunir*, que requieren objetos plurales: *reunió a la familia*. | Sólo pueden ser complemento de estos verbos en plural o coordinados: *reunió todos los libros; reunió al padre y al hijo*. |

# ■ El género en los nombres

El género gramatical en los sustantivos atiende a la distinción entre *masculino* y *femenino*, e indica la concordancia que una voz dada exige al determinante, el pronombre o el adjetivo. En los nombres que designan seres animados con distinción de sexo (la mayoría de animales, las personas, algunos oficios, etc.), la distinción del género gramatical depende del sexo de la realidad nombrada. Por ello, se habla en estos casos de género motivado. En cambio, cuando un nombre designa una realidad no sexuada, el género gramatical es no motivado o inmotivado. Esto es, el género del nombre no depende del tipo de realidad designada.

## ■ Género gramatical motivado

Hay cuatro tipos de nombres con género motivado:

*Nombres que se distinguen mediante la flexión:* Existe una raíz única para el femenino y el masculino; la diferencia de género se marca con un morfema de flexión. Generalmente, se utiliza *-o* para el masculino y *-a* para el femenino *(gato, gata)*, aunque en ocasiones hay morfemas propios para el femenino: *-triz (actor, actriz)*, *-ina (gallo, gallina)*, etc.

*Heterónimos:* Hay dos nombres distintos, con sendas raíces, para el masculino y el femenino: *padre/madre, toro/vaca*, etc.

*Nombres de género común:* Una misma forma, sin variación de flexión, sirve para el masculino y el femenino. La distinción de género se marca con los determinantes y adjetivos: *el/la cónyuge, el/la cantante*, etc. En algunos oficios tradicionalmente desempeñados por hombres, la distinción de género solía hacerse de este modo, aunque la lengua actual tiende a menudo a hacer la distinción por medio de la flexión: *juez, -a; médico, -a; ministro, -a*, etc.

*Género epiceno:* Una forma con género único sirve para designar ambos sexos; para distinguirlos, se añade *varón/mujer* en las personas *(la víctima varón)* y *macho/hembra* en los animales *(el elefante hembra)*.

## ■ Género gramatical no motivado

El género gramatical no supone una distinción de sexo. Por ello, la distinción entre masculino y femenino no se puede prever de forma sistemática, aunque se observan algunas tendencias generales según los siguientes factores:

*Clase léxica:* En general los nombres pertenecientes a una misma clase léxica tienen el mismo género gramatical que el término genérico que los engloba a todos. Por ejemplo, *día* es masculino, y los nombres de los días de la semana son masculinos; *letra* es femenino, y los nombres de las distintas letras del abecedario son femeninos.

*Terminación:* La terminación puede orientar sobre el género de un nombre. Se observan las siguientes tendencias:

| Son en general nombres masculinos | Son en general nombres femeninos |
|---|---|
| Los terminados en -o (excepto *mano, nao,* las apócopes como *radio* o *moto* y algún otro): *cabello, olmo, carro.* | Los terminados en *a* (excepto los de origen griego, como *anagrama, problema*): *cabeza, casa.* |
| Los terminados en las consonantes *l, n* (salvo los terminados en *-ión* y *-zón*), *r, s* (salvo los nombres de origen griego), *t, x: caudal, tren, telar, compás, ápax, hábitat.* | Los derivados con *-triz: cicatriz.* |
| | Los terminados en *-ie(s): serie, intemperie, caries.* |
| | Los derivados con *-icie: calvicie.* |
| | Los derivados con *-ez: ñoñez, idiotez, delgadez.* |
| | Los derivados con *-dad* e *-idad: barbaridad, soledad, brutalidad.* |
| Los aumentativos con *-ón: sillón, notición.* | Los terminados en *-ión: legión, región, opinión.* |
| Los terminados en *-ete: sorbete, zoquete, banquete.* | Los derivados con *-sión, -ción* y *-zón: introversión, consumición.* |
| Los derivados con *-dor* y *-tor: colador, tractor, cursor.* | Los derivados en *-tud: multitud.* |
| Los derivados con *-il: redil, atril.* | Los terminados en *-tumbre* y *-dumbre: costumbre, pesadumbre.* |

*Cambio de significado:* La diferencia entre masculino y femenino puede estar asociada con un cambio de significado, pues existen algunos nombres con género distinto que tienen un significado diferente aunque relacionado. Por ejemplo, los árboles suelen ser masculinos (*cerezo*) y las frutas femeninas (*cereza*); un objeto mayor que otro puede ser femenino (*cesta*) y el menor masculino (*cesto*); etc.

**3**

*Géneros ambiguos:* Existen algunos pocos nombres que pueden ser indistintamente masculinos o femeninos. En ellos, la elección del género depende del hablante, de la zona geográfica o de razones estilísticas. Por ejemplo, *el mar* o *la mar, el reuma* o *la reuma, el color* o *la color.*

## ■ El número en los nombres

El número gramatical en los sustantivos refleja la distinción entre singular y plural. La gran mayoría de sustantivos de la lengua española admite la diferencia entre una forma singular y otra plural, y, en general, esta distinción corresponde a la oposición *uno / más de uno;* sin embargo, algunos nombres carecen de alguna de las dos formas, y en ocasiones la oposición tiene un significado distinto.

El sustantivo exige concordancia de número a adjetivos, determinantes, pronombres y, en caso de ser sujeto, a verbos.

### ■ Tipos de sustantivo según la flexión de número

Cabe distinguir cuatro tipos de sustantivo según si poseen o no flexión de número, o si son siempre plurales o siempre singulares:

*Sustantivos con flexión de número:* La gran mayoría de sustantivos tiene una forma singular y otra plural; el plural se forma añadiendo un morfema de flexión al singular: *coche/s, casa/s.*

*Sustantivos sin flexión de número:* Son sustantivos que pueden tener significado tanto plural como singular, aunque no varían en su forma; terminan con la secuencia *vocal átona + s: crisis, atlas.*

*Sustantivos siempre plurales:* Algunos sustantivos se usan únicamente en plural. Se distinguen dos grupos:

– Nombres abstractos con forma plural pero con significado singular; son derivados con el sufijo *-as: tragaderas, posaderas.*

– Nombres concretos con significado en cierto sentido plural; son los denominados *pluralia tántum: víveres, bártulos.*

*Sustantivos siempre singulares:* Se usan siempre en singular, aunque algunos de ellos pueden tener una forma en plural; son los denominados *singularia tántum.* Designan: a) entes únicos: *cénit, Norte*; b) virtudes o actitudes: *caridad, fe*; c) ideologías: *socialismo, liberalismo*; d) otros: *sed, salud, grima.*

■ **Valores del plural**

Los principales valores que puede tener el plural en español son los siguientes:

*Uno frente a más de uno:* es el valor más frecuente del plural. Sólo tiene este valor el plural de sustantivos concretos: *coche, libro,* etc.

*Plurales no informativos:* el significado del plural es el mismo o muy próximo que el de la forma singular:

a) En los sustantivos que denotan objetos complejos formados por dos partes idénticas o simétricas, tanto el singular como el plural pueden denotar un único objeto: *gafa(s), pantalón(es), tenaza(s), calzoncillo(s),* etc.

b) En ciertos sustantivos, el plural indica mayor intensidad, o tiene simplemente un valor estilístico: *escalera(s), tripa(s), sudor(es), fatiga(s),* etc.

*Plurales homónimos:* la forma plural tiene un sentido propio, distinto y sólo vagamente relacionado con el del singular: *esposa, esposas; (la) Corte, (las) Cortes.*

*Cambio de significado:* en ocasiones la forma del singular tiene distintos significados posibles (como sustantivo contable y no contable), pero no todos ellos se dan en el plural. Por ejemplo, *injusticia* puede ser en singular bien un sustantivo contable que designa una acción *(ha cometido una injusticia)*, bien un sustantivo no contable que designa un concepto *(en sus obras reflexionaba sobre la injusticia social)*; en cambio, en plural tiene sólo la primera de estas interpretaciones.

> **Distinción de contables y no contables por el artículo**
> En este tipo de sustantivos, la distinción entre contable y no contable en singular suele depender de la presencia del artículo definido o el indefinido: *el café* (no contable) / *un café* (contable, con significado de 'una taza de café').

■ **Diferencias de significado entre singular y plural**

Se ofrecen en la siguiente tabla las principales diferencias de significado que se observan entre el singular y el plural:

**3**

| Acepción existente sólo en singular | Acepción existente en singular y en plural | Ejemplos |
|---|---|---|
| Sustancia o materia (sustantivo no contable) | Objetos, medidas, porciones o clases (sustantivo contable) | *tiza / tizas café / cafés madera / madera* |
| Cualidad o atributo (sustantivo no contable) | Personas que poseen dicha cualidad o atributo (sustantivo contable) | *belleza / bellezas amistad / amistades autoridad / autoridades* |
| Concepto (sustantivo no contable) | Acciones o hechos concretos (sustantivo contable) | *locura / locuras interés / intereses injusticia / injusticias* |

## ■ Formación del plural en los nombres

En español, el singular es la forma no marcada del sustantivo. El plural se forma añadiendo, según corresponda, las desinencias -*s* o -*es*. Las reglas de formación del plural son:

### ■ Reglas generales

| Añaden -s | Añaden -es | Sin flexión de número |
|---|---|---|
| a) Los sustantivos que terminan en vocal no acentuada: *casa, casas.* b) Los sustantivos que terminan en e acentuada y la mayoría de los que terminan en o acentuada: *café, cafés; rondó, rondós.* | a) Los sustantivos que terminan en consonante distinta de s: *atril, atriles; pared, paredes.* b) Muchos de los sustantivos que terminan en vocal acentuada distinta de e, o: *esquí, esquíes.* c) Los sustantivos que terminan en vocal acentuada seguida de s: *compás, compases; país, países; autobús, autobuses.* | a) Los sustantivos terminados en vocal átona seguida de s: *atlas, bíceps, cosmos, crisis, guardabosques.* La distinción entre singular y plural sólo se manifiesta en la concordancia: *la crisis sufrida, las crisis sufridas.* |

## ■ Los compuestos y las locuciones nominales

La formación del plural de los nombres compuestos y de las locuciones nominales depende del grado de cohesión de sus componentes. La desinencia la pueden tomar el primer elemento, el segundo o ambos:

*a) El primer elemento:*

– Las locuciones nominales, cuando el segundo componente está semánticamente subordinado al primero: *ciudades dormitorio, decretos ley, hombres rana*.

– Los pronombres *quienquiera* y *cualquiera*: *quienesquiera* y *cualesquiera*.

*b) Ambos elementos a la vez*, cuando el segundo elemento tiene interpretación sustantiva (no adjetiva) o cuando no hay cohesión completa entre ambos elementos: *tejesmanejes, mediascañas*.

*c) El segundo elemento:*

– Los compuestos por dos nombres, cuando la cohesión es completa: *carricoches, nocheviejas, bocacalles*.

– Los compuestos que no responden al esquema *nombre-nombre*: *altisonantes, salvoconductos, pelirrojos*.

– En algunos casos, se vacila entre una u otra solución: *guardiaciviles, guardias civiles; hombres rana, hombres ranas*.

## ■ Los nombres propios

Los nombres propios añaden la marca de plural cuando tienen un uso genérico (*los Borbones, los Garcías*) o se usan como nombre común (*los goyas, los óscars, los picassos*), pero no cuando se refieren a una familia (*los García, los Padilla*).

## ■ Las siglas y acrónimos

Según las reglas ortográficas de la Real Academia, las siglas expresan el plural sólo por medio del artículo *(las ONG)*, salvo en el caso de siglas lexicalizadas, que admiten desinencia de plural *(las pymes, los penenes, los ovnis)*. Sin embargo, en el uso se tiende a crear también el plural de otras siglas, aunque hay cierta vacilación. La tendencia es que formen plural cuando acaban en vocal, ya sea gráfica (*AMPA, ISO*) o en su pronun-

**3**

ciación (*ONG*, pronunciado *o-ene-gé*, *ISBN*, pronunciado *i-ese-be-ene*), pero son extraños los plurales de las siglas terminadas en consonante (*MIR*, *CD-ROM*), aunque a veces se crean en la lengua oral.

- **Los préstamos de otras lenguas**

El plural de los préstamos de otras lenguas depende del grado de adaptación de la voz y del hecho de que tengan una terminación existente en castellano. En ocasiones, especialmente en términos tomados recientemente del inglés, se conserva el plural de la lengua originaria: *campings, blocs, clips, tickets*. En otras, la forma plural de la lengua extranjera coexiste con una forma plural que sigue las reglas generales del español: *clubs* (no normativo) o *clubes* (plural normativo). Algunas veces, se suprime la consonante final, evitando así una terminación extraña en el idioma: *lord, lores; chalet* (también *chalé*), *chalés; cinc, cines*.

En los latinismos, se suele optar bien por usar el sustantivo como invariable (*ultimátum, déficit*) o por el plural del vocablo adaptado a la fonología del español (de *currículo, currículos*). Ocasionalmente, pueden encontrarse plurales latinos (*corpus, córpora; currículum, currícula*).

### 3.5. El adjetivo

Los adjetivos constituyen una clase de palabras caracterizada por poder ser núcleo de un sintagma que prototípicamente desempeña la función de complemento del nombre *(persona cansada)*, de atributo *(estoy cansada)* o de complemento predicativo *(llegó cansada)*. Los adjetivos suelen tener flexión de género y de número, si bien no tienen ni número ni género intrínsecos sino que los adquieren por concordancia con el nombre o pronombre que complementan. Algunos de ellos también admiten variación de grado.

Desde un punto de vista semántico, los adjetivos se caracterizan por denotar propiedades o cualidades que predican del nombre al cual complementan. En este sentido se asemejan a los verbos en la medida en que son predicados que exigen un argumento; es decir, adquieren su significado pleno cuando modifican a un sustantivo, que es el argumento del que se predican.

Sin embargo, a diferencia de los verbos, los adjetivos rara vez constituyen el predicado principal de la oración, sino que establecen una predicación secundaria que se añade a la del verbo, predicado principal de la oración.

# ■ La flexión del adjetivo

Generalmente los adjetivos admiten afijos flexivos de género y número, aunque los adjetivos no tienen género ni número intrínsecos, sino que los adquieren por concordancia con el sustantivo al que modifican.

## ■ Flexión de género

No todos los adjetivos tienen el mismo comportamiento en relación con la flexión de género. Se pueden establecer, atendiendo a ello, dos clases de adjetivos distintas:

*Adjetivos de dos terminaciones:* tienen una terminación para el masculino y otra distinta para el femenino:

| Terminación del masculino | Terminación del femenino | Ejemplos |
|---|---|---|
| -o | -a | *duro, dura* *bonito, bonita* |
| Ø | -a | *francés, francesa* *holgazán, holgazana* |
| -e | -a | *grandote, grandota* *feote, feota* |

Siguen el primer patrón los adjetivos terminados en -o; el segundo lo siguen los que acaban en -dor, -tor, -ser, -on, -an e -in (salvo *ruin*) y los gentilicios *(barcelonés, español);* la última posibilidad se da solo en un reducido número de adjetivos terminados en -e, generalmente derivados con el sufijo apreciativo -ote.

*Adjetivos de una sola terminación:* tienen la misma forma para ambos géneros. Por ejemplo: *una canción triste, un final triste; un árbol verde, una planta verde.*

**3**

Son adjetivos de una sola terminación los comparativos (*mayor, menor,* etc.), los terminados en consonante (*principal, capaz, genial*), los terminados en las vocales -*a* (*suicida*) e -*i* (*cursi*) y la mayoría de los que terminan en -*e* (*amable*).

- **Flexión de número**

El plural se marca con los mismos morfemas flexivos que usan los sustantivos, -*s* y -*es*, y las reglas que determinan el uso de uno u otro son las mismas que para aquéllos: el afijo -*s* se añade cuando la base termina en vocal átona (*breve, breves; átono, átonos*), mientras que -*es* se añade tras vocal tónica (*israelí, israelíes*) o tras consonante (*ruin, ruines*).

Son muy pocos los adjetivos que no tienen flexión de número. Únicamente unos pocos adjetivos terminados en vocal átona seguida de *s*, como *isósceles*. Muchos de estos adjetivos son propios de la lengua oral, como *viejales* o *rubiales*.

- ## **El grado del adjetivo**

La mayoría de adjetivos, con excepción de los que expresan relación y de algunos determinantes con usos como adjetivo (*este, bastante,* etc.), tienen la posibilidad de admitir expresión de grado; es decir, se pueden indicar diversos grados en la propiedad o cualidad que denota el adjetivo. Generalmente, esta expresión de grado se manifiesta con un cuantificador antepuesto al adjetivo, aunque en ocasiones se realiza mediante afijos o con el uso de una base distinta.

Son tres los grados del adjetivo: positivo, comparativo y superlativo.

- ### Grado positivo

Cuando la cualidad que denota el adjetivo no está cuantificada (expresa la cualidad sin indicar grado), se dice que el adjetivo está en grado positivo. Por ejemplo, en las siguientes construcciones el adjetivo está en grado positivo: *fue un proceso lento, está alegre, es una chica amable*.

---

**El grado en otras categorías**

La posibilidad de expresar grado no es exclusiva de los adjetivos; la poseen también, por ejemplo, muchos adverbios (*muy lejos; camina más deprisa que tú*) y algunos nombres (*está a mucha altura*). Lo que es exclusivo de los adjetivos, no obstante, es la posibilidad de indicar grado mediante procedimientos morfológicos (por afijación o con el empleo de una base distinta).

## ■ Grado comparativo

El adjetivo está en grado comparativo cuando interviene en una estructura comparativa en la que se contrapone el grado con que la cualidad denotada por el adjetivo se aplica a dos realidades distintas.

– El grado comparativo de superioridad se expresa anteponiendo el adverbio *más* al adjetivo; el segundo término de la comparación se introduce con *que:*
*Este edificio es más alto que el otro.*

– Para expresar el grado comparativo de inferioridad se antepone el adverbio *menos* al adjetivo; el segundo término de la comparación se introduce con *que:*
*Este capítulo es menos interesante que el anterior.*

– El grado comparativo de igualdad se expresa por medio de las fórmulas *tan...como* e *igual de...que:*
*Viena es tan bonita como Londres.*
*Carlos es igual de serio que su padre.*

## ■ Grado superlativo

El grado superlativo expresa el grado más elevado en la cualidad que denota el adjetivo; puede ser absoluto o relativo.

– El grado superlativo absoluto indica el máximo grado posible. Se puede expresar anteponiendo el adverbio *muy* al adjetivo en grado positivo o añadiendo el sufijo *-ísimo* al adjetivo. Por ejemplo: *muy bueno, buenísimo; muy tranquila, tranquilísima.*

Unos pocos adjetivos forman el superlativo absoluto con el afijo *-érrimo*. Por ejemplo, *paupérrimo* (de *pobre*), *misérrimo* (de *mísero*) o *celebérrimo* (de *célebre*).

– Un adjetivo en grado superlativo relativo indica que el sustantivo al que modifica es, en un conjunto de realidades semejantes, el que posee la cualidad denotada por el adjetivo en un grado más elevado. Se construye con un artículo determinado *(el, la, los, las)* seguido del adverbio *más* o el adverbio *menos*, que preceden al adjetivo. Además, puede aparecer un complemento introducido con la preposición *de* que indica el conjunto con el que se establece la comparación:
*La más bromista (de todas las hermanas).*
*El menos rico (de la familia).*

**3.6.** **El verbo**

El verbo es una clase de palabras que se caracteriza por ser núcleo del sintagma verbal, que constituye el predicado principal de la oración (salvo en las oraciones copulativas). Desde un punto de vista sintáctico, su naturaleza de núcleo predicativo se manifiesta en el hecho de que el verbo exige la presencia de determinados argumentos (sujeto y complementos), además de admitir algunos modificadores opcionales (como los complementos circunstanciales).

Desde el punto de vista formal, el verbo se caracteriza por tener una flexión propia. Por medio de esta flexión, cuyas variantes dan pie a las distintas conjugaciones, se expresan las nociones de tiempo, aspecto, modo, persona y número. El verbo es la única clase de palabras capaz de expresar estas nociones por medio de la flexión. También es la única clase de palabras que puede llevar pronombres personales átonos.

Finalmente, desde un punto de vista semántico, los verbos constituyen una clase de palabras caracterizada por la posibilidad de expresar una acción, un proceso o un estado que realiza o sufre un sujeto. En este sentido, los verbos se distinguen de otras categorías gramaticales porque su significado fundamental consiste en establecer una *predicación*; es decir, encuentran su significado pleno cuando están relacionados con uno o más argumentos de los cuales *predican* una acción, un proceso o un estado.

■ **Estructura de las formas verbales**

El verbo está formado por una base, que aporta su contenido semántico y que generalmente se mantiene invariable en todas las formas de la conjugación, y unas desinencias, que cambian en sus distintas realizaciones y que aportan las distintas nociones gramaticales que puede expresar la flexión verbal. Entre las desinencias y la base aparece un morfema vacío de significado, llamado *vocal temática,* que varía según el paradigma o conjugación a que pertenece el verbo.

■ **La vocal temática**

En función de la vocal temática, se distinguen en español tres conjugaciones. Con excepción de unos pocos casos, los verbos pertenecientes a cada una de estas tres conjugaciones utilizan las mismas desinencias para formar los distintos tiempos flexivos.

| Conjugación | Vocal temática | Ejemplos |
|---|---|---|
| Primera conjugación | -a- | cantar, pensar, amar, saltar, jugar... |
| Segunda conjugación | -e- | temer, soler, ser, poder, tejer... |
| Tercera conjugación | -i- | partir, pedir, reducir, venir... |

La vocal temática aparece entre la base y las desinencias en todos los tiempos verbales, salvo en el presente del subjuntivo y en la primera persona del singular del presente de indicativo y del pretérito indefinido. Asimismo, sufre cambios en algunos tiempos de la segunda y la tercera conjugación:

– Cambia a -ie- en el pretérito imperfecto y en el futuro imperfecto de subjuntivo, en el gerundio y en la tercera persona del plural del pretérito indefinido.

– Cambia a -ía- en el pretérito imperfecto de indicativo.

– Es -i- en algunas formas del pretérito indefinido de la segunda conjugación.

■ **Las desinencias**

Tras la vocal temática aparecen las desinencias. Las desinencias expresan las nociones de tiempo, aspecto, modo, persona y número, que se conocen con el nombre de *categorías verbales*. En las diversas realizaciones de un verbo se distinguen dos morfemas: uno que aglutina la expresión del tiempo, el aspecto y el modo, y otro que indica conjuntamente la persona y el número. El morfema que aglutina la expresión del tiempo, el aspecto y el modo precede siempre al que indica la persona y el número.

Se ofrecen en la siguiente tabla tres ejemplos de verbos de la primera, segunda y tercera conjugación con sus correspondientes bases, vocales temáticas y desinencias.

| cant- | -a- | -rá- | -n | tem- | -e- | -ré- | -is | part- | -i- | -re- | -mos |
|---|---|---|---|---|---|---|---|---|---|---|---|
| base | vocal temática | tiempo aspecto modo | persona número | base | vocal temática | tiempo aspecto modo | persona número | base | vocal temática | tiempo aspecto modo | persona número |

Las desinencias de tiempo-aspecto-modo son las siguientes (aunque existen variaciones y hay algunos verbos irregulares):

|  | Indicativo | Subjuntivo |
|---|---|---|
| Presente | Ø | -e- (1.ª conjugación) -a- (2.ª y 3.ª conjugación) |
| Pasado |  |  |
| Imperfecto (o copretérito) | -ba- (1.ª conjugación) -ía- (2.ª y 3.ª conjugación) | -ra- o -se- |
| Indefinido (o pretérito) | Ø |  |
| Futuro | -ré- y -rá- (según las personas) | -re- |
| Condicional (o pospretérito) | -ría- |  |

Las desinencias de persona-número son las siguientes:

|  | Todos los tiempos (salvo el pretérito indefinido) | | Pretérito indefinido (o pretérito) | |
|---|---|---|---|---|
|  | Singular | Plural | Singular | Plural |
| 1.ª persona | Ø | -mos | -é (1.ª conjugación) -í (2.ª y 3.ª conjugación) | -mos |
| 2.ª persona | - s | -is | -ste | -steis |
| 3.ª persona | Ø | -n | -ó | -ron |

## ■ Formas personales y no personales

Las formas flexivas del verbo se pueden agrupar en personales y no personales en virtud de la presencia o ausencia de estas desinencias.

– Son formas personales las que poseen morfemas de persona y número, y de tiempo, aspecto y modo; se denominan también *formas finitas*. En forma personal, el verbo concuerda siempre con su sujeto en persona y número.

– Son formas no personales las que no poseen estos morfemas flexivos; se llaman también *formas no finitas*. En estas formas, el verbo tiene algunas características que lo asemejan a otras clases de palabras:

| Forma no personal | Función | Ejemplos |
|---|---|---|
| Infinitivo | Es la forma sustantiva del verbo. | *cantar, beber, vivir* |
| Participio | Es la forma adjetiva del verbo. | *cantado, bebido, vivido* |
| Gerundio | Es la forma adverbial del verbo. | *cantando, bebiendo, viviendo* |

## ■ Las categorías verbales

Las nociones gramaticales expresadas por medio de la flexión verbal son la persona, el número, el tiempo, el modo y el aspecto. También es una categoría verbal la voz, aunque no se expresa mediante la flexión sino por medio de procesos morfosintácticos.

### ■ La persona y el número

La expresión de la persona y el número no es una característica exclusiva del verbo. Ambas se manifiestan también en algunos pronombres, y el número es a su vez una categoría que se presenta en los nombres, los adjetivos y los determinantes.

El número indica si el sujeto es singular (un único ser u objeto) o plural (más de un ser u objeto). La persona —también llamada *persona gramatical*— indica la relación que existe entre el sujeto y el hablante o el oyente. Se distinguen la primera, segunda y tercera persona, en función de la realidad a la cual hacen referencia. Estas tres personas gramaticales tienen las siguientes características:

| Persona gramatical | Referente | Pronombre personal correspondiente |
|---|---|---|
| Primera | El hablante o un conjunto que lo incluye. | Singular: *yo* Plural: *nosotros, nosotras* |
| Segunda | El oyente (u oyentes) o un conjunto que lo incluye. | Singular: *tú* Plural: *vosotros, vosotras* |
| Tercera | Cualquier ser u objeto o conjunto de seres u objetos distinto del hablante y del oyente (u oyentes). | Singular: *él, ella, ello* Plural: *ellos, ellas* |

La expresión de la persona gramatical presenta diferencias dialectales, especialmente entre el español europeo y el americano. Dichas diferencias afectan a la segunda persona tanto del singular como del plural, y se manifiestan en los pronombres personales y en la conjugación verbal. Existen cuatro sistemas:

| SISTEMA 1 | Singular | Plural |
|---|---|---|
| Confianza | tú | vosotros, -as |
| Formalidad | usted | ustedes |

| SISTEMA 2 | Singular | Plural |
|---|---|---|
| Confianza | tú | ustedes |
| Formalidad | usted | ustedes |

| SISTEMA 3 | Singular | Plural |
|---|---|---|
| Confianza | vos / tú | ustedes |
| Formalidad | usted | ustedes |

| SISTEMA 4 | Singular | Plural |
|---|---|---|
| Confianza | vos | ustedes |
| Formalidad | usted | ustedes |

El primer sistema es el que se utiliza en la mayor parte de España. El segundo sistema se emplea en gran parte de Andalucía, en las Canarias, en México, Perú y parte de Colombia y Venezuela. El tercer sistema es el más extendido en el español de América; se usa en Chile, Ecuador, gran parte de Colombia, Venezuela, parte de Panamá y Costa Rica, y en Uruguay. Finalmente, el cuarto sistema es el propio de Argentina, Costa Rica, Nicaragua, Guatemala y Paraguay, así como de parte de El Salvador y Honduras.

## ■ El tiempo

El rasgo de tiempo sitúa la acción denotada por el verbo en el devenir temporal: indica si una acción es anterior, posterior o simultánea a otro punto temporal que se toma como referencia. En función de cuál sea este punto temporal se distinguen los llamados *tiempos absolutos* de los denominados *tiempos relativos.*

– Los tiempos absolutos sitúan la acción del verbo en relación con el presente del hablante. Dicha acción puede entenderse como simultánea al momento del habla (presente), anterior a éste (pasado) o posterior (futuro).

– Los tiempos relativos sitúan la acción del verbo en relación con un punto temporal que no coincide con el presente del hablante; la acción verbal puede ser entonces anterior, posterior o simultánea a este otro momento. Por ejemplo, en la oración *comí un guisado que había cocinado mi madre*, la acción de *cocinar* se sitúa en el tiempo en relación a un momento distinto del presente: es anterior a la acción de *comer*, que a su vez es anterior respecto al presente.

> **Otro significado de *tiempo***
> Se denomina también *tiempo* al conjunto de formas de primera, segunda y tercera persona tanto de singular como de plural que expresan el mismo tiempo y el mismo modo. En este sentido son tiempos verbales, por ejemplo, el *presente de indicativo* o el *pretérito pluscuamperfecto de indicativo*.

## ■ El aspecto

El aspecto expresa cómo es vista la acción en su transcurrir: como acción concluida o como acción en desarrollo. Se trata de una diferencia de punto de vista. En el primer caso se focaliza el final de la acción, mientras que en el segundo se focaliza su desarrollo. Esta oposición permite distinguir en español el aspecto perfectivo, con el que se concibe la acción como concluida, del aspecto imperfectivo, con el que se concibe como acción en desarrollo.

La expresión del aspecto es independiente de la de tiempo: son posibles tanto el aspecto perfectivo como el imperfectivo en el presente, el pasado y el futuro. Los valores aspectuales de los tiempos de indicativo en español son los siguientes:

**3**

| Aspecto | Presente | Pasado | Futuro |
|---|---|---|---|
| Imperfectivo | Presente: *canto* | Pret. imperfecto: *cantaba* | Fut. imperfecto: *cantaré* |
| Perfectivo | Pret. perfecto: *he cantado* | Pret. indefinido: *canté* Pret. pluscuam-perfecto: *había cantado* Pret. anterior: *hube cantado* | Fut. perfecto: *habré cantado* |

### Indicativo, subjuntivo y tipos de oraciones

A menudo, la aparición del indicativo o del subjuntivo está condicionada por la estructura oracional. Por ejemplo, las oraciones subordinadas de algunos verbos que expresan deseo o preferencia se construyen siempre con subjuntivo *(espero que sea cierto);* en cambio, las oraciones subordinadas de ciertos predicados que expresan creencia o percepción física requieren indicativo *(creo que lloverá),* pero sus negaciones se construyen con subjuntivo *(no creo que llueva).* En otras ocasiones la diferencia no está condicionada gramaticalmente sino que depende de que lo que se expresa sea objetivo o verificable. Por ejemplo, *tengo un piso que da a la calle* (indicativo) frente a *busco un piso que dé a la calle* (subjuntivo).

### ■ El modo

En español existen tres modos verbales: indicativo, subjuntivo e imperativo. Cuando no está condicionado gramaticalmente, la utilización de uno u otro modo depende fundamentalmente de la actitud del hablante frente a lo dicho.

*Indicativo.* Se utiliza para expresar realidades objetivas. Es el modo habitual de las oraciones independientes, aunque puede aparecer también en oraciones subordinadas.

*Subjuntivo.* Se usa para expresar realidades que no se pueden verificar objetivamente, así como hipótesis, deseos o dudas. No suele aparecer en oraciones independientes, salvo en oraciones exclamativas en las que se expresan deseos (por ejemplo, *¡ojalá haga sol mañana!*) o en oraciones negativas de mandato (por ejemplo, *no hables*).

*Imperativo.* Se utiliza para expresar órdenes o mandatos: *por favor, abre la puerta.*

Es un modo que sólo se conjuga en presente. Su conjugación, además, sólo existe en la segunda persona del singular y del plural. Para la tercera persona y para la primera persona del plural se usan las formas del presente del subjuntivo, como se indica en la siguiente tabla:

| | Singular | Plural |
|---|---|---|
| **Formas propias del imperativo** | | |
| Segunda persona | canta, bebe, parte | cantad, bebed, partid |
| **Formas de subjuntivo usadas como imperativo** | | |
| Primera persona | Ø | cantemos, bebamos, partamos |
| Tercera persona | cante, beba, parta | canten, beban, partan |

### ■ La voz

La voz opone las llamadas *oraciones activas* a las *oraciones pasivas*. Se trata de una categoría del verbo que, a diferencia de las otras, no se expresa mediante una desinencia flexiva sino por medio de la construcción sintáctica. La voz atiende a la relación que se establece entre la estructura sintáctica y el significado de los complementos del verbo. Esto es, depende de cuál es el papel semántico del sujeto oracional: agente (quien desempeña la acción verbal), o paciente o tema (la persona o cosa sobre la que recae dicha acción).

– En la voz activa el sujeto sintáctico es el agente de la acción, y el complemento que expresa el papel semántico de paciente o tema desempeña la función de objeto directo: *mi hermano compró esa casa.*

– En la voz pasiva el complemento que expresa el paciente o tema de la acción ejerce la función de sujeto oracional; entonces, el agente puede, bien no mencionarse, bien aparecer como un complemento introducido por la preposición *por* (como complemento agente): *esa casa fue comprada (por mi hermano).*

Existen dos modos distintos de construir oraciones pasivas en español: la pasiva con *ser* y la pasiva refleja, tal como se muestra en la tabla de la página siguiente:

**3**

| Pasiva | Se forma | Ejemplo |
|--------|----------|---------|
| Con ser (o perifrástica) | Verbo *ser* conjugado en el tiempo correspondiente seguido del participio del verbo activo. | Activa: *Los estudiantes plantearon el problema.* Pasiva: *El problema fue planteado por los estudiantes.* |
| Refleja (o pronominal) | Pronombre *se* seguido del verbo conjugado. No admite nunca complemento agente. | Activa: *(Ellos) plantearon el problema.* Pasiva: *El problema se planteó.* |

## ■ Las conjugaciones

El conjunto de formas que puede tomar un verbo recibe el nombre de *conjugación*. La conjugación de un verbo comprende las formas correspondientes a todos los tiempos con sus variaciones de persona y número.

**Verbos de la 2.ª y 3.ª conjugación**
Los verbos de la segunda y la tercera conjugación comparten las desinencias en la mayoría de los tiempos. De hecho, sólo presentan diferencias en la segunda persona del plural del presente de indicativo y del imperativo, y tienen distinta vocal temática en el futuro imperfecto de indicativo, en el condicional simple, en el infinitivo y en el participio.

Las desinencias que añaden los verbos para formar los distintos tiempos son diferentes en función de cuál sea su vocal temática. Según esto, se distinguen en español tres conjugaciones distintas:

*Primera conjugación:* la forman verbos con vocal temática *-a-*; el verbo que tomamos como modelo de la conjugación es *cantar*.

*Segunda conjugación:* la forman verbos con vocal temática *-e-*; el verbo que tomamos como modelo de la conjugación es *beber*.

*Tercera conjugación:* la forman verbos con vocal temática *-i-*; el verbo que tomamos como modelo de la conjugación es *vivir*.

Atendiendo al modo en el que se forman los distintos tiempos de su conjugación, los verbos se dividen en regulares e irregulares. Los verbos regulares utilizan sin alteración alguna las mismas desinencias que los verbos que se toman como modelo de la conjugación, y, además, no sufren variaciones en la base en ninguna de sus formas. Los verbos irregulares forman alguno de los tiempos con desinencias distintas que las de los verbos modelos, o sufren variaciones en la base, o ambas cosas a la vez.

– Los tiempos de la conjugación verbal se dividen, según su forma, en simples y compuestos:

– Los tiempos simples se conjugan añadiendo las desinencias a la base. Están formados, pues, por una única forma.

Los tiempos compuestos se construyen con el auxiliar *haber*. Están formados, así pues, por dos formas: el verbo *haber* en forma personal seguido por el participio del verbo que se conjuga (en la forma fijada de masculino singular).

## ■ La conjugación de los verbos regulares

La formación de los tiempos de los verbos regulares sigue el patrón de los verbos que se toman como modelo de cada conjugación.

### ■ Tiempos simples

Las desinencias que se emplean para formar los distintos tiempos simples de cada una de las conjugaciones son las que se indican a continuación.

| INDICATIVO | | | |
|---|---|---|---|
| | *Primera conjugación* | *Segunda conjugación* | *Tercera conjugación* |
| Presente | cant o | beb o | viv o |
| | cant a s | beb e s | viv e s |
| | cant a Ø | beb e Ø | viv e Ø |
| | cant a mos | beb e mos | viv i mos |
| | cant á is | beb é is | viv Ø is |
| | cant a n | beb e n | viv e n |
| Pretérito imperfecto (o copretérito) | cant a ba Ø | beb ía Ø | viv ía Ø |
| | cant a ba s | beb ía s | viv ía s |
| | cant a ba Ø | beb ía Ø | viv ía Ø |
| | cant á ba mos | beb ía mos | viv ía mos |
| | cant a ba is | beb ía is | viv ía is |
| | cant a ba n | beb ía n | viv ía n |

| | Primera conjugación | Segunda conjugación | Tercera conjugación |
|---|---|---|---|
| Pretérito indefinido (o pretérito) | cant Ø é | beb Ø í | viv Ø í |
| | cant a ste | beb i ste | viv i ste |
| | cant Ø ó | beb i ó | viv i ó |
| | cant a mos | beb i mos | viv i mos |
| | cant a steis | beb i steis | viv i steis |
| | cant a ron | beb ie ron | viv ie ron |
| Futuro imperfecto (o futuro) | cant a ré Ø | beb e ré Ø | viv i ré Ø |
| | cant a rá s | beb e rá s | viv i rá s |
| | cant a rá Ø | beb e rá Ø | viv i rá Ø |
| | cant a re mos | beb e re mos | viv i re mos |
| | cant a ré is | beb e ré is | viv i ré is |
| | cant a rá n | beb e rá n | viv i rá n |
| Condicional simple (o pospretérito) | cant a ría Ø | beb e ría Ø | viv i ría Ø |
| | cant a ría s | beb e ría s | viv i ría s |
| | cant a ría Ø | beb e ría Ø | viv i ría Ø |
| | cant a ría mos | beb e ría mos | viv i ría mos |
| | cant a ría is | beb e ría is | viv i ría is |
| | cant a ría n | beb e ría n | viv i ría n |

| | Primera conjugación | Segunda conjugación | Tercera conjugación |
|---|---|---|---|
| Presente | cant e Ø | beb a Ø | viv a Ø |
| | cant e s | beb a s | viv a s |
| | cant e Ø | beb a Ø | viv a Ø |
| | cant e mos | beb a mos | viv a mos |
| | cant é is | beb á is | viv á is |
| | cant e n | beb a n | viv a n |
| Pretérito imperfecto (o pretérito) | cant a ra/se Ø | beb ie ra/se Ø | viv ie ra/se Ø |
| | cant a ra/se s | beb ie ra/se s | viv ie ra/se s |
| | cant a ra/se Ø | beb ie ra/se Ø | viv ie ra/se Ø |
| | cant á ra/se mos | beb ié ra/se mos | viv ié ra/se mos |
| | cant a ra/se is | beb ie ra/se is | viv ie ra/se is |
| | cant a ra/se n | beb ie ra/se n | viv ie ra/se n |
| Futuro imperfecto (o futuro) | cant a re Ø | beb ie re Ø | viv ie re Ø |
| | cant a re s | beb ie re s | viv ie re s |
| | cant a re Ø | beb ie re Ø | viv ie re Ø |
| | cant á re mos | beb ié re mos | viv ié re mos |
| | cant a re is | beb ie re is | viv ie re is |
| | cant a re n | beb ie re n | viv ie re n |

| | Primera conjugación | Segunda conjugación | Tercera conjugación |
|---|---|---|---|
| | cant a Ø | beb e Ø | viv e Ø |
| | cant a d | beb e d | viv i d |

**FORMAS NO PERSONALES**

| | Primera conjugación | Segunda conjugación | Tercera conjugación |
|---|---|---|---|
| Infinitivo | cant a r | beb e r | viv i r |
| Participio | cant a d o/a/os/as | beb e d o/a/os/as | viv i d o/a/os/as |
| Gerundio | cant a ndo | beb ie ndo | viv ie ndo |

- ■ Tiempos compuestos

Los tiempos compuestos se forman, como se ha explicado, con el auxiliar *haber* conjugado en el correspondiente tiempo simple seguido del participio del verbo en la forma de masculino singular. Los tiempos compuestos de la lengua española son los siguientes:

**INDICATIVO**

| | Primera conjugación | Segunda conjugación | Tercera conjugación |
|---|---|---|---|
| Pretérito perfecto (o antepresente) | he cantado | he bebido | he vivido |
| | has cantado | has bebido | has vivido |
| | ha cantado | ha bebido | ha vivido |
| | hemos cantado | hemos bebido | hemos vivido |
| | habéis cantado | habéis bebido | habéis vivido |
| | han cantado | han bebido | han vivido |
| Pretérito pluscuamperfecto (o antecopretérito) | había cantado | había bebido | había vivido |
| | habías cantado | habías bebido | habías vivido |
| | había cantado | había bebido | había vivido |
| | habíamos cantado | habíamos bebido | habíamos vivido |
| | habíais cantado | habíais bebido | habíais vivido |
| | habían cantado | habían bebido | habían vivido |
| Pretérito anterior (o antepretérito) | hube cantado | hube bebido | hube vivido |
| | hubiste cantado | hubiste bebido | hubiste vivido |
| | hubo cantado | hubo bebido | hubo vivido |
| | hubimos cantado | hubimos bebido | hubimos vivido |
| | hubisteis cantado | hubisteis bebido | hubisteis vivido |
| | hubieron cantado | hubieron bebido | hubieron vivido |

| | Primera conjugación | Segunda conjugación | Tercera conjugación |
|---|---|---|---|
| Futuro perfecto (o antefuturo) | habré cantado | habré bebido | habré vivido |
| | habrás cantado | habrás bebido | habrás vivido |
| | habrá cantado | habrá bebido | habrá vivido |
| | habremos cantado | habremos bebido | habremos vivido |
| | habréis cantado | habréis bebido | habréis vivido |
| | habrán cantado | habrán bebido | habrán vivido |
| Condicional compuesto (o antepospretérito) | habría cantado | habría bebido | habría vivido |
| | habrías cantado | habrías bebido | habrías vivido |
| | habría cantado | habría bebido | habría vivido |
| | habríamos cantado | habríamos bebido | habríamos vivido |
| | habríais cantado | habríais bebido | habríais vivido |
| | habrían cantado | habrían bebido | habrían vivido |

## SUBJUNTIVO

| | Primera conjugación | Segunda conjugación | Tercera conjugación |
|---|---|---|---|
| Pretérito perfecto (o antepresente) | haya cantado | haya bebido | haya vivido |
| | hayas cantado | hayas bebido | hayas vivido |
| | haya cantado | haya bebido | haya vivido |
| | hayamos cantado | hayamos bebido | hayamos vivido |
| | hayáis cantado | hayáis bebido | hayáis vivido |
| | hayan cantado | hayan bebido | hayan vivido |
| Pretérito pluscuamperfecto (o antepretérito) | hubiera cantado | hubiera bebido | hubiera vivido |
| | hubiera cantado | hubieras bebido | hubieras vivido |
| | hubiéramos cantado | hubiera bebido | hubiera vivido |
| | hubieras cantado | hubiéramos bebido | hubiéramos vivido |
| | hubierais cantado | hubierais bebido | hubierais vivido |
| | hubieran cantado | hubieran bebido | hubieran vivido |
| Futuro perfecto (o antefuturo) | hubiere cantado | hubiere bebido | hubiere vivido |
| | hubieres cantado | hubieres bebido | hubieres vivido |
| | hubiere cantado | hubiere bebido | hubiere vivido |
| | hubiéremos cantado | hubiéremos bebido | hubiéremos vivido |
| | hubiereis cantado | hubiereis bebido | hubiereis vivido |
| | hubieren cantado | hubieren bebido | hubieren vivido |

## FORMAS NO PERSONALES

| | Primera conjugación | Segunda conjugación | Tercera conjugación |
|---|---|---|---|
| Infinitivo compuesto | haber amado | haber bebido | haber vivido |
| Gerundio compuesto | habiendo amado | habiendo bebido | habiendo vivido |

# ■ La conjugación de los verbos irregulares

Aunque en español la mayoría de verbos se conjuga siguiendo el modelo de los verbos regulares, existe un elevado número de verbos que presenta alguna irregularidad en su flexión. Las irregularidades afectan mayoritariamente a la base, aunque también hay verbos que presentan irregularidades en las desinencias. Finalmente, unos pocos verbos altamente irregulares tienen irregularidades especiales.

---

### Número de verbos regulares e irregulares

Los 6 573 infinitivos diferentes del *Diccionario de uso del español de América y España* se reparten en función de su vocal temática y regularidad o irregularidad de su conjugación del siguiente modo:

|  | -ar | -er | -ir |
|---|---|---|---|
| regulares | 5 565 | 108 | 240 |
| irregulares | 190 | 268 | 202 |

---

## ■ Irregularidades en la base

Las irregularidades que afectan a la base, que son las más frecuentes, pueden ser ortográficas o fonéticas.

*Irregularidades o alteraciones ortográficas:* Afectan sólo a la representación escrita de la palabra. No se trata, pues, de irregularidades en sentido estricto, puesto que los verbos que las presentan se conjugan mayormente siguiendo los modelos regulares, pero en la grafía se producen algunas alteraciones debidas a la aplicación de las reglas ortográficas con el fin de que se represente un mismo sonido en todos los tiempos.

Los principales cambios en la ortografía que se observan en la conjugación española son los siguientes:

| Conjugación | Cambio que se produce | Verbos terminados en | Ejemplos |
|---|---|---|---|
| Primera | Delante de *e*: | | |
|  | c cambia a *qu* | -car | tocar > toque |
|  | g cambia a *gu* | -gar | pegar > pegue |
|  | z cambia a *c* | -zar | gozar > goce |

**3**

| Conjugación | Cambio que se produce | Verbos terminados en | Ejemplos |
|---|---|---|---|
| Segunda | Delante de *a, o*: | | |
| | *c* cambia a *z* | *-cer* | mecer > meza |
| | *g* cambia a *j* | *-ger* | coger > coja |
| Tercera | Delante de *a, o*: | | |
| | *c* cambia a *z* | *-cir* | zurcir > zurza |
| | *g* cambia a *j* | *-gir* | regir > rija |
| | *gu* cambia a *g* | *-guir* | conseguir > consiga |
| | *qu* cambia a *c* | *-quir* | delinquir > delinca |

*Irregularidades fonéticas:* Afectan al modo como se pronuncia la forma flexiva. Pueden afectar tanto a vocales como a consonantes, y conllevan cambios que suponen la supresión, la adición o el cambio de algún sonido.

Las principales irregularidades fonéticas son las siguientes:

| | Cambio | Ejemplos |
|---|---|---|
| CAMBIOS VOCÁLICOS | | |
| **Diptongación** | | |
| Algunas vocales pasan a ser diptongos en sílaba tónica. Afecta al presente de indicativo y de subjuntivo y al imperativo. | *e > ie* | regar > r*ie*go; venir > v*ie*ne |
| | *i > ie* | inquirir > inqu*ie*ro |
| | *o > ue* | poder > p*ue*do; colar > c*ue*lo |
| | *u > ue* | jugar > j*ue*go |
| **Debilitación** | | |
| Algunas vocales cambian por otras de timbre más cerrado. Afecta a algunas formas del pretérito indefinido de indicativo, al gerundio y al pretérito imperfecto y el futuro de subjuntivo. | *o > u* | morir > m*u*rió; poder > p*u*do |
| | *e > i* | sentir > s*i*ntió; medir > m*i*dió |
| **Pérdida de la vocal temática** | | |
| Afecta al futuro y al condicional de unos pocos verbos de la segunda conjugación. | *e > Ø* | caber > cab(e)ré, cab(e)ría; saber > sab(e)ré, sab(e)ría |

| Cambio | Ejemplos |
|---|---|
| **Pérdida de vocal final** | |
| Afecta a algunos imperativos. $e > \emptyset$ | hacer > haz(e) |
| | salir > sal(e) |
| **Sustitución de fonemas vocálicos** | |
| Se produce en verbos que tienen, además, otras irregularidades. Se produce fundamentalmente en el pretérito indefinido. $a > u$ | saber > supo; caber > cupo |
| CAMBIOS CONSONÁNTICOS | |
| **Adición de fonemas consonánticos** | |
| Se da en verbos que generalmente $\emptyset > g$ | salir > salgo; valer > valgo |
| experimentan otros cambios $\emptyset > ig$ | caer > caigo; traer > traigo |
| fonéticos. $\emptyset > c$ | nacer > nazco; parecer > parezco |
| | (con cambio gráfico de z por c) |
| $\emptyset > d$ | salir > saldré; venir > vendré |
| | (con pérdida de vocal temática) |
| **Sustitución de fonemas consonánticos** | |
| Se produce generalmente en $z > j$ | deducir > dedujo; traducir > tradujo |
| verbos con otras irregularidades. $z > g$ | hacer > haga |
| $b > p$ | saber > sepa; caber > quepo |
| **Consonantización** | |
| Algunos verbos de la tercera $i > y$ | huir > huyo; recluir > recluye |
| conjugación cambian la vocal i por | |
| la consonante y. | |

Algunos verbos presentan sólo una de estas irregularidades, pero a menudo se dan de forma combinada. Por ejemplo, es posible una adición consonántica combinada con la pérdida de la vocal temática (poner > pond(e)ré, tener > tend(e)ré), o una sustitución vocálica y otra consonántica simultáneas (saber > supo, decir > diga).

■ Irregularidades en las desinencias

Las irregularidades en las desinencias afectan a muy pocos verbos. Se reducen a dos fenómenos:

Algunos verbos, que suelen presentar otras irregularidades, añaden el sonido y en la primera persona del singular del presente de indicativo: soy, doy, voy, estoy.

**3**

El mismo sonido *y* se añade a la tercera persona del singular del presente de indicativo de *haber* en su uso impersonal, aunque el origen histórico de este fenómeno es distinto: *hay.*

■ **Irregularidades especiales**

Se trata de variaciones asistemáticas, que afectan a un número reducido de verbos y que no responden a los patrones descritos anteriormente. Las principales son las alternancias en la base, los pretéritos fuertes, las variaciones acentuales y los participios irregulares.

– Las alternancias en la base afectan a los verbos *ser* e *ir.* Estos dos verbos poseen más de una base, que alternan en los distintos tiempos de la conjugación:

    *ser:* **se***(ré),* **er***(a),* **fu***(imos)*    *ir:* **i***(ba),* **v***(as),* **fu***(imos)*

– La segunda de las irregularidades afecta al pretérito indefinido de algunos verbos y da lugar a los llamados *perfectos* o *pretéritos fuertes.* En las formas del pretérito indefinido de los verbos regulares, la sílaba tónica se halla en la desinencia (*corrió, comió,* etc.), pero hay algunos verbos irregulares que en este tiempo tienen la sílaba tónica en la base. Se trata de verbos que poseen una base ligeramente distinta para este tiempo verbal, de modo que, además del cambio de sílaba tónica, se producen cambios fonéticos que afectan tanto a las consonantes como a las vocales: *traer > traje; caber > cupo; andar > anduvo.*

– En tercer lugar, los verbos que terminan en *-iar* o en *-uar* presentan en ocasiones variaciones acentuales. En estos verbos se produce, en algunas formas del presente de indicativo, del presente de subjuntivo y del imperativo, un contacto de vocales que puede resolverse bien en hiato, bien en diptongo. Cuando se produce un hiato, la acentuación es irregular: el acento recae sobre la vocal cerrada (*i, u*), tal como ocurre en los verbos *liar* (*lío, líe,* etc.) o *acentuar* (*acentúo, acentúe,* etc.). En cambio, cuando se produce diptongo, la acentuación es

**Dobles participios**
Generalmente, los verbos con participio irregular tienen una única forma para el participio (*abierto, roto, puesto,* etc.), pero en ocasiones existen dos posibles participios, uno regular y otro irregular: *impreso / imprimido.* Sin embargo la existencia de dos participios ha supuesto en general la especialización de la forma irregular para las funciones de adjetivo y de la regular para el participio: *directo* (adj.) / *dirigido* (part.); *electo* (adj.) / *elegido* (part.); *converso* (adj.) / *convertido* (part.); *perverso* (adj.) / *pervertido* (part.).

regular; los verbos acentúan entonces la vocal anterior a la temática, tal como ocurre por ejemplo en *pronunciar* (*pronuncio, pronuncie*, etc.) o *averiguar* (*averiguo, averigüe*, etc.).

– Finalmente, en muchos verbos del español, el participio no se forma de modo regular. Este tipo de irregularidad afecta tanto a verbos que son regulares en todas las restantes formas de su conjugación (*romper, escribir* o *imprimir*) como a verbos que presentan otras irregularidades (*decir* o *hacer*).

■ **Correspondencias en las irregularidades**

Se dan correspondencias entre los tiempos de la conjugación en los que existen algunas de las irregularidades verbales mencionadas. Las principales son las siguientes:

– La diptongación se produce en todas las formas del singular y en la tercera persona del plural del presente de indicativo y del presente de subjuntivo, así como en la segunda persona del singular del imperativo:

| Presente de indicativo | Presente de subjuntivo | Imperativo |
|---|---|---|
| muevo | mueva | |
| mueves | muevas | mueve |
| mueve | mueva | |
| movemos | movamos | |
| movéis | mováis | moved |
| mueven | muevan | |

– La debilitación vocálica afecta a la tercera persona (singular y plural) del pretérito indefinido de indicativo, y a todas las formas del imperfecto y del futuro de subjuntivo, así como al gerundio:

| Pretérito indefinido de indicativo | Pretérito imperfecto de subjuntivo | Futuro de subjuntivo | Gerundio |
|---|---|---|---|
| morí | muriera | muriere | muriendo |
| moriste | murieras | murieres | |
| murió | muriera | muriere | |
| morimos | muriéramos | muriéremos | |
| moristeis | murierais | muriereis | |
| murieron | murieran | murieren | |

– Las irregularidades consonánticas que afectan a la primera persona del singular del presente de indicativo se producen también en todas las formas del presente de subjuntivo:

| Presente de indicativo | Presente de subjuntivo |
|---|---|
| tengo | tenga |
| tienes | tengas |
| tiene | tenga |
| tenemos | tengamos |
| tenéis | tengáis |
| tienen | tengan |

– La misma base irregular con la que se forma el pretérito indefinido de indicativo en los pretéritos fuertes se utiliza también en el pretérito imperfecto de subjuntivo y en el futuro de subjuntivo:

| Pretérito indefinido de indicativo | Pretérito imperfecto de subjuntivo | Futuro de subjuntivo |
|---|---|---|
| puse | pusiera | pusiere |
| pusiste | pusieras | pusieres |
| puso | pusiera | pusiere |
| pusimos | pusiéramos | pusiéremos |
| pusisteis | pusierais | pusiereis |
| pusieron | pusieran | pusieren |

– Algunas irregularidades tanto vocálicas (pérdida de vocal temática) como consonánticas (adición de una consonante) que se producen en el futuro de indicativo se dan también en el condicional simple:

| Futuro de indicativo | Condicional simple |
|---|---|
| tendré | tendría |
| tendrás | tendrías |
| tendrá | tendría |
| tendremos | tendríamos |
| tendréis | tendríais |
| tendrán | tendrían |

# 3.7. El adverbio

El adverbio constituye una clase de palabras relativamente amplia y muy heterogénea. Aunque dada esta heterogeneidad resulta difícil hacer generalizaciones válidas para todos los adverbios, a grandes rasgos éstos tienen las características siguientes:

– Son palabras invariables. Es decir, no tienen flexión de ningún tipo.

– En general, tienen significado léxico pleno, a diferencia de las demás clases de palabras sin flexión (conjunciones y preposiciones), que son fundamentalmente relacionantes y poseen poco contenido léxico.

– Son modificadores del verbo, del adverbio y del adjetivo (indicando cantidad o grado), y de la oración o del enunciado como un todo (indicando el punto de vista, la modalidad, la relación con el discurso anterior, etc.).

– Un grupo numeroso de adverbios está formado por derivados de adjetivos mediante el sufijo -mente; el resto constituye un repertorio cerrado.

Los adverbios se pueden clasificar atendiendo al contenido semántico que expresan o de acuerdo con su modo de significar. A continuación se explican estas dos clasificaciones.

## ■ Clasificación de los adverbios según su contenido semántico

Es la clasificación más tradicional del adverbio, pero tiene el inconveniente de que es incompleta y de que une en un mismo grupo unidades con comportamiento gramatical distinto. Se pueden establecer principalmente los grupos siguientes: tiempo, modo, lugar y cantidad, pero también hay adverbios de afirmación, negación, duda e inclusión o exclusión; algunos de ellos aparecen en la siguiente tabla:

**Adverbios que pertenecen a más de una clase**
Algunos adverbios pueden pertenecer a más de una clase semántica. Por ejemplo, *bien* es un adverbio de modo (*lo hizo bien*) o de cantidad (*está bien lejos*).

| Significado | Ejemplos | Significado | Ejemplos |
|---|---|---|---|
| Tiempo | *hoy, mañana, mientras, entonces, siempre, nunca, recientemente, aún, ya, cuando,* etc. | Afirmación | *sí, cierto, también, naturalmente, evidentemente,* etc. |
| Modo | *así, como, bien, mejor,* etc. y la mayoría de los acabados en *-mente.* | Negación | *no, tampoco, nada,* etc. |
| Lugar | *aquí, allá, lejos, cerca, encima, detrás, donde,* etc. | Duda | *quizá(s), acaso, igual, posiblemente, probablemente, seguramente,* etc. |
| Cantidad | *cuanto, mucho, poco, nada, casi, bastante, demasiado,* etc. | Inclusión o exclusión | *sólo, inclusive, además, excepto,* etc. |

## ■ Clasificación de los adverbios según el modo de significar

Se distinguen dos grandes grupos: los llamados *adverbios de base léxica*, que significan por sí mismos, y los *adverbios pronominales*, que adquieren su significado en función del contexto, de forma similar a como ocurre con los pronombres.

### ADVERBIOS DE BASE LÉXICA

#### Adverbios calificativos

Constituyen el grupo más numeroso; comprende:

| | |
|---|---|
| – Adverbios de modo no derivados | *bien, mal, mejor, peor,* etc. |
| – Adverbios de modo derivados con *-mente* | *rápidamente, abiertamente,* etc. |
| – Adjetivos usados como adverbios | *(hablar) claro, (volar) alto, gratis, (ser algo) total,* etc. |

#### Adverbios prepositivos

Pueden llevar un complemento preposicional *(detrás de mí)*, o ser término de preposición *(desde detrás)*. La mayoría se han formado a partir de preposiciones. Comprenden:

| | |
|---|---|
| – Adverbios de lugar | *cerca, lejos, arriba, abajo,* etc. |
| – Adverbios de tiempo | *antes, después,* etc. |

### Adverbios temporales intransitivos

Son adverbios de tiempo que no admiten complemento preposicional. Expresan la idea de tiempo en relación a un valor previamente conocido.

*pronto, temprano, tarde*, etc.

### Adverbios modales

Expresan la modalidad oracional (aseverativa, dubitativa, etc.).

*quizá(s), acaso, probablemente, seguramente*, etc.

#### ADVERBIOS PRONOMINALES

### Deícticos

Su significado depende del contexto, del ahora y aquí del hablante. Se distinguen:

– De lugar
– De tiempo
– De modo

*aquí, ahí, allí, allá*, etc.
*ahora, mañana, anoche*, etc.
*así, tal*

### Cuantitativos

Indican una cuantificación. Se distinguen:

– De cantidad
– De tiempo

*mucho, poco, bastante*, etc.
*siempre, nunca, frecuentemente, regularmente*, etc.

### Afirmación y negación

Indican si la oración es afirmativa o negativa.

*sí, no, también, tampoco*, etc.

### Interrogativos

Introducen una oración interrogativa o exclamativa en la que se expresa el tiempo, el lugar, el modo, etc.

*dónde, cuándo, cómo*, etc.

### Relativos

Introducen una oración subordinada en la que se expresa el tiempo, el lugar, el modo, etc.

*donde, cuando, como*, etc.

# ■ Función de los adverbios

Los adverbios pueden ejercer distintas funciones, en varios niveles de la estructura oracional: pueden modificar un adjetivo u otro adverbio, el verbo, la oración y el enunciado. También pueden relacionar oraciones o segmentos discursivos.

## ■ Modificadores del adjetivo o de otro adverbio

Indican el grado o la intensidad en la propiedad o cualidad expresados por el adjetivo o el adverbio al cual modifican. Pueden ejercer esta función:

– Los adverbios de cantidad: *muy, poco, bastante*, etc. Por ejemplo, *muy alto, muy deprisa*.

– Los adverbios en *-mente* que no indican modo sino grado: *totalmente, plenamente, medianamente, discretamente, mínimamente*. Por ejemplo, *totalmente lleno, medianamente bien, rematadamente tonto*.

Estos adverbios siempre preceden al adjetivo o adverbio al cual modifican. También pueden modificar un participio: *totalmente perdido*.

## ■ Modificadores del verbo

Indican circunstancias relativas al tiempo, modo, lugar en el que ocurre la acción, o a la cantidad o grado en que se realiza:

– Tiempo: *llegó temprano; iremos mañana*.

– Modo: *lo hizo deprisa; lo han hecho bien*.

– Lugar: *dormiremos aquí; lo encontraron detrás*.

– Cantidad: *come mucho; ha dormido demasiado*.

Ejercen generalmente la función de complemento circunstancial del verbo, aunque en ocasiones ejercen la función de atributo o complemento predicativo: *es así; viste bien*.

## ■ Modificadores de la oración

Su significado tiene que ver con el verbo, pero modifican la oración en su conjunto. Expresan:

La frecuencia con la que se repite una acción: *lo llama frecuentemente; quincenalmente lo visito*.

El ámbito o dominio en el que es cierta una afirmación: *geográficamente, están en la misma latitud, pero climatológicamente no tienen nada que ver.*

■ **Modificadores del enunciado**

Su significado no incide sobre el contenido de la oración, sino sobre aspectos relativos a la modalidad del enunciado. Indican:

– La modalidad dubitativa: *seguramente, probablemente, difícilmente, quizá*, etc.

– Una evaluación sobre el valor de verdad de la oración: *indudablemente, incuestionablemente, supuestamente, presuntamente*, etc.

– La actitud del emisor al emitir el enunciado: *francamente, sinceramente.*

– El modo o la precisión con que se emplea la lengua: *literalmente, textualmente, resumidamente*, etc.

■ **Adverbios conjuntivos**

Relacionan una oración o un párrafo con el texto anterior. Se comportan de un modo muy próximo al de las conjunciones, y establecen una relación lógica entre los enunciados que relacionan. Las principales nociones que expresan son:

– Consecuencia: *consecuentemente, entonces, así, además,* etc.

– Excepción: *menos, sólo que, únicamente que*, etc.

– Contradicción: *contrariamente, opuestamente*, etc.

– Estructura textual: *primeramente, finalmente*, etc.

También tienen función relacionante los adverbios que introducen oraciones subordinadas: *dime **cuándo llegarás**; **cuando llegues**, avísame.*

**3.8** **La preposición**

Las preposiciones constituyen una clase de palabras caracterizada por los siguientes rasgos:

– Tienen función relacionante: sirven de nexo entre un elemento sintáctico cualquiera y su complemento. Por ello, no poseen autonomía sintáctica (no pueden aparecer aisladamente excepto en algunos usos esporádicos).

– Introducen sustantivos, adjetivos, adverbios y verbos en formas no personales, pero por sí solas no son capaces de introducir oraciones; sin embargo, pueden preceder a las conjunciones *si* y *que,* que a su vez introducen oraciones.

– Al igual que los adverbios y las conjunciones, son palabras invariables. Es decir, no tienen flexión.

– Constituyen una clase cerrada, si bien algunas palabras pertenecientes a otras categorías gramaticales pueden desempeñar en ocasiones funciones prepositivas.

– Salvo la forma *según,* son siempre palabras átonas.

## ■ Inventario de preposiciones

Las preposiciones del español constituyen una clase de palabras cerrada; tradicionalmente se ha considerado que está formada por las siguientes unidades: *a, ante, bajo, cabe, con, contra, de, desde, en, entre, hacia, hasta, para, por, según, sin, so, sobre, tras.*

Sin embargo, cabe hacer algunos matices al respecto. Algunas de las preposiciones listadas son anticuadas o muy cultas, de modo que tienen un uso restringido: sólo aparecen en textos escritos de carácter formal o en algunas construcciones muy fijas. Es el caso de *cabe,* que ha caído en desuso frente a la locución *junto a,* y de *so,* que prácticamente sólo se usa en algunas construcciones adverbiales fijas (*so pretexto, so capa, so pena,* etc.) y en cuyo lugar se prefiere *bajo* o *debajo de.*

Otras preposiciones, naturales en la lengua escrita, son poco frecuentes en la lengua oral, que tiende a sustituirlas por locuciones prepositivas. Así ocurre con *ante,* en cuyo lugar se prefiere *delante de; tras,* en cuyo lugar se emplean *detrás de* o *después de,* y *bajo,* en cuyo lugar se suele usar *debajo de.*

Finalmente, se deberían añadir al listado las formas *pro, mediante, durante* y *versus:*

– *Pro* es un cultismo que aparece sobre todo en fórmulas fijas *(cupón pro ciegos)* pero que modernamente ha visto extendido su empleo *(una asociación pro defensa de los animales).*

– *Mediante* y *durante* eran en latín adjetivos, y por ello la gramática tradicional no suele tratarlos en español como preposiciones; sin embargo, son en la actualidad únicamente preposiciones que introducen sintagmas nominales.

– *Versus,* que proviene del latín pero que en español se ha incorporado recientemente por influencia del inglés, no está admitido por la Real Academia Española. Sin embargo, en la actualidad se usa como preposición, por lo general entre dos sustantivos, para indicar enfrentamiento u oposición: *la vida en las grandes urbes versus los pequeños pueblos.*

■ **Voces con usos como preposición**

Algunas palabras pertenecientes a otras categorías gramaticales (mayoritariamente conjunciones o adverbios relativos) tienen un uso prepositivo cuando introducen nombres o sintagmas nominales:

– Los adverbios relativos *donde, cuando, como* y *adonde,* que generalmente introducen oraciones subordinadas adverbiales, pueden introducir un sintagma nominal; son entonces preposiciones: *eso ocurrió cuando la guerra; vamos donde Juan.*

– Ciertos adverbios que indican inclusión o exclusión son preposiciones cuando introducen sintagmas nominales; se trata de *excepto, salvo, menos, aun, incluso, inclusive* y *menos: ha venido todo el mundo salvo Juan; incluso los niños lo saben.*

– La conjunción subordinante *mientras* también se usa a veces como preposición en la lengua oral con el sentido de 'durante': *mientras la operación, los médicos apenas hablaban.*

– El sustantivo *vía* es también preposición que indica el punto por el que pasa un trayecto o recorrido *(fuimos a Salamanca vía Madrid)* o el medio a través del que se transmite algo *(imágenes vía satélite).*

■ **Las locuciones prepositivas**

Algunas agrupaciones de palabras funcionan conjuntamente como una preposición; son las llamadas *locuciones prepositivas* o *preposicionales.* Como todas las locuciones, tienen una estructura fija y un sentido unitario, de modo que constituyen un conjunto sintácticamente indivisible. Aunque el número y el tipo de unidades que las componen es variable, la última palabra de la locución es siempre una preposición, en general *a, de* o *con.*

Muchas de estas locuciones están formadas por un sustantivo que aporta el significado básico de la locución, seguido —y casi siempre también precedido— de una preposición. En muchas ocasiones, el sustantivo denota algún tipo de relación (por ejemplo, causa-efecto), pero la significación de los nombres que forman parte de las locuciones es, de hecho, muy variada:

*a causa de*        *de acuerdo con*    *al amparo de*
*en aras de*          *en atención a*     *en consideración a*
*a consecuencia de*  *a expensas de*    *a instancias de*
*a manera de*       *merced a*        *en referencia a*
*con relación a*

En otras ocasiones, la locución incluye una palabra que en la actualidad no tiene existencia en la lengua fuera de esa construcción:

*por mor de*        *acerca de*        *a fuer de*
*respecto a o respecto de*

Finalmente, muchos adverbios —en especial los de tiempo y lugar— se construyen con una preposición que introduce el elemento que se toma como referencia; la suma de adverbio más preposición se comporta como una locución prepositiva:

*encima de la mesa*              *detrás del edificio*
*después de la reunión*

### 3.9. El determinante

Los determinantes constituyen una clase de palabras caracterizada por los siguientes factores:

– Intervienen en el sintagma nominal, precediendo al nombre y a los adjetivos que éste pueda llevar: *el coche, mi mejor amigo, una casa*.

– Fijan la referencia del sustantivo o del sintagma nominal. Por ejemplo, para que la referencia de *casa* sea un objeto concreto se necesita de la presencia de un determinante: *esta casa, mi casa, la casa*.

– Pertenecen a un clase cerrada; esto es, el inventario de determinantes no se puede ampliar con palabras de nueva creación.

– En su gran mayoría, tienen flexión de género y número, y concuerdan con el sustantivo núcleo del sintagma nominal en el que aparecen.

| Tipo | Inventario | Observaciones |
|---|---|---|
| **Artículo determinado** | | |
| Se utiliza ante nombres conocidos por el hablante o el oyente, bien porque han sido nombrados en el discurso previo, bien porque su existencia se puede presuponer. | el, la, los, las; lo | La forma el se usa con nombres masculinos y con nombres femeninos que empiezan por a o ha tónicas: el hacha. |
| También se usa para establecer generalizaciones: el perro es un mamífero. | | Con las preposiciones a y de, la forma del masculino forma las contracciones al y del. |
| Lo es la forma neutra. Tiene función sustantivadora ante un adjetivo masculino singular: lo claro. | | Lo no tiene plural. Suele determinar adjetivos (lo grande, lo impresionante), pero también puede aparecer con adverbios en oraciones exclamativas (¡lo bien que lo hace!). |
| **Artículo indeterminado** | | |
| Se utiliza ante nombres que no son conocidos por el hablante o que aparecen por vez primera en el discurso. | un, una, unos, unas | Un se usa con nombres masculinos, pero puede usarse también con nombres femeninos que empiezan por a o ha tónicas: un hacha (aunque también es posible una hacha). |
| Puede indicar indeterminación (es decir, significa uno cualquiera): préstame un lápiz. | | En singular, coincide con las formas del numeral cardinal que indican la unidad. |
| **Demostrativo** | | |
| Indica que el nombre al que acompaña está cerca de la persona que habla (este lápiz), no muy alejado de dicha persona (¿te gusta ése?) o cerca del oyente (ese lápiz), o lejos de ambos (aquel lápiz). | este, esta, estos, estas; ese, esa, esos, esas; aquel, aquella, aquellos, aquellas | Pospuesto al sustantivo, suele ser despectivo: el pesado este. |
| También puede indicar distancia en el tiempo: este verano, ese verano. | | Puede usarse como pronombre: quiero éste. En tal caso, puede llevar acento. |
| Asimismo, indica distancia en un texto: han presentado un informe y una memoria, pero hoy no trataremos de ésta sino de aquél. | | Los demostrativos esto, eso y aquello sólo pueden ser pronombres. |

| Tipo | Inventario | Observaciones |
|---|---|---|
| **Indefinido** | | |
| Indica cantidad (o a veces también grado o intensidad) de forma aproximada. | *algún, alguno, -na, algunos, -nas; ningún, ninguno, -na, ningunos, -nas; mucho, -cha, muchos, -chas; poco, -ca, pocos, -cas; bastante, bastantes; varios, -rias; demasiado, -da, demasiados, -das; cualquier, -ra; demás; todo, -da, todos, -das; otro, -tra, otros, -tras.* | Puede usarse como pronombre: *vi varios; había bastantes.* Algunos pueden usarse como adverbios *(corre mucho, duerme bastante)* o como adjetivos *(no hay recursos bastantes).* Las formas *algún* y *ningún* se convierten en *alguno* y *ninguno* cuando son pronombres. |
| **Posesivo** | | |
| Relaciona el nombre al que acompaña con su poseedor *(mi coche)*, o indica que existe una relación estrecha entre ambos *(mis padres).* | *mi, mis, tu, tus, su, sus, nuestro, -tra, nuestros, -tras, vuestro, -tra y vuestros, -tras* | Para la primera y la segunda persona del singular y para la tercera persona existen unas formas apocopadas *(mi, tu, su),* que son determinantes, y otras plenas *(mío, tuyo, suyo),* que no pueden ejercer la función de determinante (son adjetivos o pronombres). Para la primera y la segunda persona del plural sólo existen formas plenas, que pueden ser tanto determinantes como pronombres o adjetivos. Concuerda en número con el nombre al cual complementa (no con el poseedor); las formas plenas, además, tienen concordancia de género. |

– Antepuestos a sustantivos singulares, permiten que éstos desempeñen la función de sujeto de la oración. Así, no es una oración del español *coche corre mucho*, pero sí *el coche corre mucho*.

– Algunos pueden ejercer la función de pronombre, cuando aparecen sin sustantivo (*quiero éste*), y otros son adjetivos, cuando están detrás del sustantivo (*un amigo mío*).

Se distinguen, según su función, seis tipos de determinantes: el artículo determinado, el artículo indeterminado, los demostrativos, los indefinidos, los posesivos y los numerales cardinales.

## 3.10. El pronombre

Los pronombres constituyen una clase de palabras relativamente exigua pero bastante heterogénea cuyos miembros poseen las siguientes características:

– Los pronombres constituyen por sí solos un sintagma nominal, de modo que pueden realizar las funciones propias de éste: sujeto, objeto directo o término de preposición. En muchas ocasiones, un pronombre es sustituible por un sintagma nominal cuyo núcleo es un sustantivo (por ejemplo, *él viene →  mi hermano viene*), pero la sustitución no es siempre posible (por ejemplo, no son sustituibles los pronombres personales de primera y segunda persona).

– Constituyen una clase cerrada, que por tanto no se puede ampliar con nuevas unidades.

– Tienen flexión de número; algunos de ellos presentan también flexión de género, y unos pocos, de persona. Un subconjunto de los pronombres tiene formas para el género neutro. Los pronombres personales tienen además variación de caso (son distintos en virtud de la función sintáctica que desempeñan).

– No tienen un significado léxico inherente, sino que adquieren su significado en función de otro elemento que aparece en el contexto lingüístico o extralingüístico.

## ■ Pronombres y determinantes

Hay algunos pronombres que no pueden desempeñar otra función que la de pronombre (los personales, los relativos y los interrogativos). Otros, en cambio, pueden funcionar también como determinantes, por lo que en la presente gramática han sido ya tratados en el apartado correspondiente a esta clase de palabras. Son los siguientes:

### ■ Demostrativos

La serie de los demostrativos está formada por *este, ese* y *aquel,* con todas sus variantes flexivas, incluidas las formas neutras. Antepuestos al nombre, los demostrativos son determinantes *(este libro)*, y pospuestos a éste, adjetivos *(el libro ese).* Cuando aparecen aisladamente son pronombres *(quiero éste),* y suelen escribirse con tilde; las formas neutras *(esto, eso, aquello)* son siempre pronombres, y jamás llevan tilde.

Los demostrativos indican lejanía o proximidad respecto al emisor y el receptor, tanto en el contexto lingüístico como en el extralingüístico. Por su significado, están estrechamente relacionados con los adverbios deícticos de lugar: *aquí* y *acá, ahí, allí* y *allá.*

### ■ Indefinidos

**Indefinidos con sentido negativo**
Algunos indefinidos, como *nadie* o *ninguno,* tienen significado negativo. Cuando preceden al verbo no es necesaria otra negación *(nadie lo esperaba),* pero requieren una negación cuando aparecen tras el verbo *(no lo esperaba nadie).*

Los indefinidos indican una cantidad indeterminada. Están formados por dos subconjuntos de elementos. Por un lado, se cuentan las formas *nadie, alguien, quienquiera* (y *quienesquiera), nada* y *algo.* Estas voces tienen en común el hecho de que sólo pueden ser pronombres, y de que no tienen flexión de ningún tipo (salvo *quienquiera,* que tiene flexión de número). Los tres primeros refieren a personas; los dos últimos, a cosas, y pueden ser también adverbios cuando no ejercen las funciones propias de un sustantivo.

El segundo grupo está formado por *alguno, ninguno, mucho, poco, bastante, varios, demasiado, cualquiera, todo* y *otro,* con sus variantes flexivas. Son pronombres cuando aparecen aisladamente *(no había ninguno);* en cambio, son determinantes cuando están antepuestos al nombre *(muchos niños),* en ocasiones con formas apocopadas *(algún niño),* y algunos pueden posponerse al nombre como adjetivos *(no vi niño alguno).*

■ **Posesivos**

Los posesivos están formados por las variantes flexivas de *mío, tuyo, suyo, nuestro* y *vuestro.* Se distinguen las llamadas *formas apocopadas (mi, tu, su),* que son palabras átonas, y las llamadas *formas plenas (mío, tuyo, suyo, nuestro, vuestro),* que son tónicas. Las formas plenas son pronombres cuando no aparecen con un sustantivo *(el mío)* o adjetivos cuando van tras éste *(los libros nuestros).* Las formas de la primera y segunda persona del plural pueden ser también determinantes *(nuestro coche),* pero para el resto de personas la función de determinante la ejercen las formas apocopadas.

■ **Numerales**

Los numerales son cuantificadores que indican una cantidad, una porción, el lugar en una serie o una multiplicación exactas. La gran mayoría de los numerales en español pueden funcionar como determinantes *(cinco sillas).* Algunos también pueden ser sustantivos *(tercio, mitad),* adjetivos *(el capítulo segundo)* o pronombres, si aparecen sin el sustantivo *compré veinte; éramos doce para comer).*

Se distinguen, según su significado, cuatro tipos distintos: los numerales cardinales, los ordinales, los partitivos y los multiplicativos. Sólo los primeros pueden ejercer la función de pronombre.

– Los numerales cardinales son los nombres de los números naturales e indican la cantidad exacta de componentes de un conjunto. Son determinantes *(dos libros)* que pueden usarse también como pronombres, cuando no van acompañados de sustantivo *(los tres llegaron tarde; deme dos).* Asimismo, pueden ser también adjetivos, cuando se usan como ordinales pospuestos al nombre (*capítulo quince*), o sustantivos masculinos, puesto que son el nombre del número al que representan: *el siete es mi número favorito.*

**El comportamiento de *un* y *uno* y los numerales formados con ellos**

*Uno* toma la forma *un* delante de sustantivos masculinos: *un libro; veintiún alumnos.*

En los numerales formados con *uno*, éste tiene siempre la forma *una* ante sustantivos femeninos (nunca *un*): *vientiuna alumnas* (no *\*veintiún alumnas*). Sin embargo, pierde la vocal final cuando el sustantivo al que determina empieza por *a* tónica: *veintiún amas de casa.*

*Un* es la única forma posible ante *mil*: *cincuenta y un mil personas* (no *\*cincuenta y una mil personas*).

**Partitivos y ordinales**

Aunque no es normativo, existe una tendencia a usar los partitivos como ordinales (*el doceavo* por *el duodécimo*). Sin embargo, no se deben confundir los partitivos con los ordinales:

– El partitivo indica una partición en partes iguales: *la doceava parte* (hay doce partes iguales).

– El ordinal indica el lugar en una serie: *el duodécimo capítulo* (el capítulo que ocupa el lugar número doce).

El sufijo *-avo, -ava* se usa sólo para formar partitivos.

– Los numerales ordinales indican la posición que el sustantivo al que modifican ocupa en una serie ordenada. Son adjetivos que pueden preceder o seguir al sustantivo (*el libro primero; el primer libro*); aunque pueden sustantivarse (*el segundo, lo segundo*), no pueden ejercer la función de pronombre. Sustantivados con *lo* tienen a veces una función similar a la de los adverbios: *no voy por dos razones: lo primero, porque estoy enfadado, y lo segundo, porque tengo una cita.*

– Los numerales partitivos indican las partes iguales en que se divide lo designado por el sustantivo. Pueden ser sustantivos (*un tercio de la clase, dos octavos del pastel*) o adjetivos (*la octava parte*), pero nunca pronombres.

– Finalmente, los numerales multiplicativos o proporcionales indican multiplicación del contenido semántico del sustantivo. No pueden actuar como pronombres, sino que siempre son adjetivos; pueden anteponerse o posponerse al sustantivo (*trabajo doble, doble trabajo*), y pueden también sustantivarse (*el triple*). Sustantivados, adquieren un valor próximo al de los adverbios: *has de trabajar el doble.*

# ■ Los pronombres personales

Los pronombres personales tienen como referente las personas del discurso (primera, segunda y tercera). Al igual que el resto de formas pronominales, pueden ejercer las funciones propias de los sintagmas nominales. Se distinguen dos series: una tónica, cuyos miembros pueden desempeñar funciones de sujeto, objeto y término de preposición, y otra átona, formada por unidades que exclusivamente pueden desempeñar funciones de objeto.

■ **Formas tónicas**

Las formas de la serie tónica son las siguientes:

| Persona | Sujeto | Compl. directo e indirecto / Término de preposición | |
|---|---|---|---|
| **Singular** | | | |
| 1.ª persona | yo | mí | (conmigo) |
| 2.ª persona | tú | ti | (contigo) |
| (forma de cortesía) | usted | usted / sí | (consigo) |
| 3.ª persona | él, ella, ello | él, ella, ello / sí | (consigo) |
| **Plural** | | | |
| 1.ª persona | nosotros, nosotras | nosotros, nosotras | |
| 2.ª persona | vosotros, vosotras | vosotros, vosotras | |
| (forma de cortesía) | ustedes | ustedes / sí | |
| 3.ª persona | ellos, ellas | ellos, ellas / sí | |

**Observaciones acerca de las formas tónicas**
El pronombre *usted* se usa como forma de cortesía para referirse a la segunda persona del discurso, pero gramaticalmente es de tercera persona. Los pronombres que actúan como término de preposición en singular se utilizan con todas las preposiciones excepto:
– *entre, hasta* y *según*, con las que se usan las formas de sujeto: *lo dirigiréis entre tú y él; hasta yo me he enfadado; según tú, todo es muy fácil;*
– *con*, caso en que se sustituyen por las formas *conmigo, contigo* y *consigo*: *ven conmigo; siempre habla consigo.*
La forma *sí* se usa sólo como reflexiva; esto es, cuando el complemento (el directo, el indirecto o el término de la preposición) coincide con el sujeto. En la lengua actual, se trata de una forma en retroceso que suele sustituirse por las formas de sujeto. Lo mismo ocurre con la forma *consigo*, etimológicamente emparentada con *sí*.
La forma *ello* se usa casi exclusivamente como sujeto. Aunque puede usarse también como término de preposición o como objeto directo (cuando va cuantificada con *todo*), tiende a sustituirse en estos casos por los demostrativos *esto* y *eso*.

**3**

Cuando ejercen la función de sujeto o de complemento, estas formas refieren necesariamente a personas, y no pueden referir a objetos inanimados (salvo *ello*, que nunca puede referir a personas). Con estas dos funciones, además, toman a veces valor enfático o contrastivo.

■ **Formas átonas**

Las formas de la serie átona, también llamadas *clíticos*, son las siguientes:

| Persona | Complemento directo | Complemento indirecto | Reflexivo |
|---|---|---|---|
| **Singular** | | | |
| 1.ª persona | *me* | *me* | *me* |
| 2.ª persona | *te* | *te* | *te* |
| (forma de cortesía) | *lo, la* | *le / se* | *se* |
| 3.ª persona | *lo, la* | *le / se* | *se* |
| **Plural** | | | |
| 1.ª persona | *nos* | *nos* | *nos* |
| 2.ª persona | *os* | *os* | *os* |
| (forma de cortesía) | *los, las* | *les / se* | *se* |
| 3.ª persona | *los, las* | *les / se* | *se* |

**Observaciones acerca de las formas átonas**

Cuando se combina con los pronombres *lo, la, los, las*, la forma del clítico de tercera persona de objeto indirecto (tanto en singular como en plural) es siempre *se*:

*le* dije esto → *se* lo dije

*les* dije esto → *se* lo dije.

La forma *se*, que se usa como reflexivo de tercera persona, se emplea también para formar oraciones pasivas e impersonales: *aquí se duerme bien; se venden pisos*.

El pronombre *lo* es, además de masculino, una forma de género neutro que sustituye a oraciones, proposiciones, etc.: *esto que me has dicho, no lo entiendo*. Además de ejercer la función de objeto directo, también puede ser atributo de un verbo copulativo: *lo es, lo parece*.

Cuando el antecedente de un clítico es *usted* (que gramaticalmente es de tercera persona, aunque se refiera a la segunda persona del discurso), se usan los clíticos de tercera persona: *a usted, le dimos esto ayer*.

Los pronombres de la serie átona ejercen siempre funciones de objeto (directo o indirecto); tienen la particularidad de que han de aparecer siempre unidos al verbo, ya sea antepuestos, como proclíticos *(lo dijo)*, o pospuestos, como enclíticos *(decirlo)*.

Las formas de tercera persona pueden hacer referencia tanto a personas como a objetos inanimados, mientras que las de primera y segunda persona han de referir necesariamente a personas o seres animados.

### ■. La posición de los pronombres átonos

Los pronombres de la serie átona pueden ir antepuestos o pospuestos al verbo. En la lengua actual, los clíticos siempre preceden al verbo en las formas personales (salvo en el imperativo), y van pospuestos con el infinitivo, el gerundio y el imperativo: *dárselo, dándoselo, dáselo*; *se lo das*. La posposición de clíticos con las formas personales del verbo es anticuada o afectada: *entrégolo*.

En ocasiones, cuando hay un verbo en forma personal seguido de un infinitivo o gerundio que llevan complementos expresados por medio de clíticos, los pronombres pueden colocarse precediendo al verbo en forma finita: *quiero hacerlo, lo quiero hacer; intentó hacerlo, lo intentó hacer.* Cuando hay dos pronombres, ambos tienen que aparecer en la misma posición: *quiero dárselo, se lo quiero dar.*

> **Imperativos con clíticos**
> Cuando el pronombre *os* se pospone a una forma de segunda persona plural del imperativo, ésta pierde la *d* final: *coged, coge(d)os*. Asimismo, cuando el pronombre *nos* se pospone a formas verbales de primera persona del plural, éstas pierden la *s* final: *conozcamos, conozcámo(s)nos*.

Cuando hay varias formas átonas combinadas, el orden en el que aparecen no es libre: los clíticos de segunda persona preceden a los de primera, y éstos preceden a los de tercera; a su vez, la forma *se* siempre es la primera de la secuencia:

> *te me/nos fuiste; me/te lo regalaron*
> *se me/te/le cayó; se la dio*

### ■ El leísmo, el laísmo y el loísmo

En algunas zonas, hay vacilación en el uso de las formas átonas de tercera persona de objeto directo *(lo, la, los, las)* e indirecto *(le, les)*. Se trata de fenómenos de sustitución de unas formas por otras. Se denomina:

– *Leísmo* al uso de *le, les* en lugar de *lo, la, los, las*:
   *El coche, le dejé aparcado.*

– *Laísmo* al uso de *la, las* en lugar de *le, les*:
   *A María, la di un regalo.*

– *Loísmo* al uso de *lo, los* en lugar de *le, les*:
   *A Juan, lo di un regalo.*

La Real Academia Española admite como correcto sólo el leísmo cuando el pronombre se refiere a una persona en masculino y singular (uso de *le* por *lo*: *A Juan, lo/le vi ayer*).

## ■ Los pronombres relativos

Los pronombres relativos son nexos subordinantes que introducen oraciones subordinadas adjetivas o de relativo. Su significado lo adquieren por referencia a un sustantivo que aparece antes en el discurso, llamado *antecedente,* al cual modifica la oración subordinada introducida por el pronombre:
   *La camiseta que me regalaron*

En este ejemplo, el pronombre relativo *que* se refiere a *camiseta,* su antecedente, al cual modifica la oración *que me regalaron.*

### ■ Función de los pronombres relativos

**Tipos de antecedentes**
En ocasiones, los pronombres relativos tienen un antecedente implícito; en tales casos tienen una interpretación genérica (cualquier sustantivo que cumpla las características que se expresan): *quien come, engorda.* En otras ocasiones, el antecedente puede no ser un sustantivo, e incluso puede ser una oración entera: *nos lo contó todo, lo cual es de agradecer* (el antecedente de *lo cual* es toda la oración anterior, *nos lo contó todo*).

Tal como más adelante se explicará en el apartado de sintaxis, los pronombres relativos tienen una doble naturaleza de nexo y de pronombre. Como nexos, introducen una oración subordinada de relativo; como pronombres, desempeñan una función sintáctica en dicha oración subordinada. La función sintáctica que desempeñan es siempre la propia de un sintagma nominal, puesto que son pronombres, y es la misma función que desempeñaría el antecedente si el pronombre relativo se sustituyera por éste:
   *El coche **que compré** → Compré **un coche*** (objeto directo)
   *El coche **que ganó la carrera** → Un coche ganó la carrera* (sujeto)

## ■ Inventario de los pronombres relativos

Los pronombres relativos son los siguientes: *que* (en algunas ocasiones precedido de artículo determinado: *el que*), *cual* (siempre precedido de artículo determinado), *quien* (y *quienes*) y *cuanto* (con sus variantes flexivas). También pertenece a este grupo la forma *cuyo,* con sus variantes flexivas, a pesar de tener una sintaxis distinta a la de los demás pronombres relativos.

## ■ **Los pronombres interrogativos**

Los pronombres interrogativos introducen oraciones interrogativas. Son tónicos y se escriben siempre con tilde; generalmente ocupan la primera posición de la oración:

> *¿Quién me acompaña a comprar?*
> *¿Qué dices?*

Los pronombres interrogativos mantienen un paralelismo con los pronombres relativos, y se diferencian de ellos por su función (introducen oraciones interrogativas, no subordinadas de relativo) y por su carácter acentual tónico. También se diferencian de los relativos por el modo en el que adquieren la referencia: mientras los relativos hallan su referente en un sustantivo que aparece previamente en el discurso (el antecedente), en el caso de los interrogativos el emisor desconoce el referente, de tal modo que la función del pronombre interrogativo consiste en preguntar sobre este referente desconocido.

Se trata de las unidades siguientes: *cuál* (y *cuáles*), *quién* (y *quiénes*), *qué* y *cuánto* (con las variantes flexivas *cuánta, cuántos* y *cuántas*). También la forma culta *cuán,* que se usa sólo en oraciones exclamativas.

### El pronombre *cuyo*

*Cuyo* es un determinante con significado posesivo. Como todos los pronombres relativos, introduce una oración subordinada; ésta mantiene con el antecedente una relación posesiva: el antecedente del pronombre es el poseedor. A su vez, es un determinante que actualiza un sustantivo, que denota lo poseído. Por ejemplo, en la oración *he visto una película cuyo protagonista es un niño,* el pronombre *cuyo* introduce una oración subordinada. Su antecedente es *película,* poseedor de *protagonista,* del cual *cuyo* es el determinante.

### Formas interrogativas de *cuyo*

No existe un paralelo interrogativo para el relativo *cuyo.* Antiguamente existió una forma *cúyo* que tenía este valor y que se usaba en oraciones interrogativas *(¿cúyas son estas cosas?);* en el español actual ha sido desplazada por *de quién.*

**3**

■ Función de los pronombres interrogativos

Los pronombres interrogativos tienen una doble función. Por un lado, introducen una oración interrogativa; por otro lado, como pronombres que son, desempeñan una función nominal en la oración en la que aparecen (sujeto, objeto, término de preposición, etc.). Por ejemplo:

Sujeto: *¿Quién ha llegado?*
Objeto directo: *¿A quién conoces?*
Objeto indirecto: *¿A quién le diste el mensaje?*
Complemento de régimen: *¿De quién te escondes?*

Pueden introducir bien una oración interrogativa directa, bien una interrogativa indirecta. Una oración interrogativa directa es una oración principal (no subordinada) que tiene modalidad oracional interrogativa *(¿Quién vendrá?)*. A su vez, una oración interrogativa indirecta es una oración subordinada que tiene sentido interrogativo *(pregunta quién vendrá),* aunque la modalidad oracional del la oración principal sea aseverativa. En este segundo caso, no se deben confundir los pronombres interrogativos con los relativos, que son átonos y se escriben sin tilde.

> **Cuánto y cuán**
> La forma *cuánto,* que se sigue usando de forma habitual en todos los tipos de lengua, se sustituye a veces en la lengua oral por *qué de:*
> *¡Cuánta gente hay!*
> *¡Qué de gente hay!*
> Este mismo pronombre *cuánto* se sustituye por *cuán* ante adjetivos y adverbios, aunque en la actualidad esta forma es arcaizante: con mucha frecuencia, sobre todo en la lengua oral, se prefiere el pronombre *qué:*
> *¡Cuán hermosos son!*
> *¡Qué hermosos son!*

■ Los pronombres exclamativos

Los pronombres interrogativos pueden usarse también en oraciones interrogativas, por lo que se los llama también pronombres exclamativos. Por ejemplo:

*¡Qué bonito es este cuadro!*
*¡Quién pudiera hacerlo!*

Con esta función, se pueden usar todos los pronombres interrogativos.

## 3.11. La conjunción y los nexos conjuntivos

Las conjunciones constituyen una clase de palabras que cumplen una función de enlace entre oraciones o entre elementos constitutivos de una oración (palabras, sintagmas o simples fragmentos). Se diferencian dos grupos: las conjunciones coordinantes, que establecen un enlace entre elementos jerárquicamente equivalentes, y las subordinantes, que subordinan una oración a otra oración o bien a un constituyente oracional.

Existen algunas expresiones formadas por más de una palabra que ejercen función de conjunción. Reciben el nombre de *nexos conjuntivos* o *locuciones conjuntivas*. Tienen una forma fija y se utilizan como una pieza única.

## ■ Conjunciones coordinantes

Se pueden clasificar según el tipo de relación que expresan en:

| Tipo | Relación que expresan | Conjunciones |
|---|---|---|
| Copulativas | Indican adición | *y* (y su variante *e*), *ni* |
| Distributivas | Indican alternativa | *bien...bien, ya...ya, ora...ora* |
| Disyuntivas | Indican alternativas que se oponen | *o* (y su variante *u*) |
| Adversativas | Indican oposición total o parcial | *pero, sino, mas, empero, sin embargo, no obstante, antes bien, con todo*, etc. |

Sobre cada uno de estos grupos se deben hacer las siguientes observaciones.

### ■ Conjunciones copulativas

Pueden usarse a veces con un matiz de significado distinto. Por ejemplo, *y* puede indicar condición *(hazle caso y vivirás feliz)*, consecuencia *(he estudiado mucho y sé más que tú)* o tener matiz adversativo *(lo sé y no me acuerdo)*.

En ocasiones, pueden funcionar como conjunciones copulativas *que* y algunas construcciones aparentemente comparativas de igualdad: *toca que tocarás; tanto tú como yo tenemos razón*. También construcciones con la preposición *con*: *lo hizo Manuel con su madre*.

Algunos adverbios, como *asimismo* o *además*, tienen un significado próximo al de estas conjunciones.

- Conjunciones distributivas

La diferencia entre las construcciones disyuntivas y las distribu-tivas se difumina en ocasiones. La distinción se basa funda-mentalmente en que en las construcciones distributivas cada alternativa está precedida de un nexo. Algunos gramáticos consideran que las conjunciones disyuntivas son una variante de las distributivas.

La noción de alternativa expresada mediante las conjunciones distributivas puede indicarse también mediante palabras perte-necientes a otras categorías gramaticales: *uno...otro, este...aquel, cual...cual, quién...quién, tal...tal, que...que*, etc.

- Conjunciones disyuntivas

Son en general excluyentes, pero en ocasiones *o* indica equi-valencia; en tales casos, se usa para aclarar o explicar de un modo distinto un término o expresión anterior: *el ARN o ácido ribonucleico*.

Las construcciones disyuntivas con *o* pueden reforzarse ante-poniendo *bien, sea, ya,* etc. a alguno de los elementos coordi-nados, especialmente cuando se enlazan oraciones: *lo harás ya sea porque te guste o porque te lo pido yo*. En estos casos, su valor es muy próximo al de las distributivas.

Cuando se coordinan oraciones, *o* puede preceder a las distin-tas alternativas: *o vienes o te vas*.

- Conjunciones adversativas

Pueden expresar oposición parcial *(es simpático pero algo pelma)* o total *(no lo dijo él sino yo)*. En el primer caso, la coordinación recibe el nombre de *restrictiva*, y en el segundo, de *exclusiva*.

Algunos nexos conjuntivos adversativos *(sin embargo, no obs-tante, empero*, etc.) pueden tener valor de enlace extraoracio-nal: *Me lo ha explicado cien veces. Sin embargo, aún no lo en-tiendo*. Por ello, no es necesario que ocupen el primer lugar de la oración en la cual aparecen: *aún no lo entiendo, sin embargo*.

Cuando ejercen su función de relación dentro del marco ora-cional, pueden ir precedidos de otra conjunción: *Me lo ha ex-plicado cien veces y sin embargo aún no lo entiendo*.

El significado de estas conjunciones es muy próximo al de las subordinantes concesivas: *está enfermo pero ha venido; aun-*

*que está enfermo, ha venido*. Sin embargo, se diferencian de ellas porque enlazan dos elementos que mantienen entre sí una relación de igualdad jerárquica, mientras que las conjunciones concesivas subordinan un elemento a otro.

## ■ Conjunciones subordinantes

Se distinguen dos grandes grupos. El primero está constituido por las conjunciones que introducen oraciones que ejercen la función de un sustantivo: *que* y *si*. El segundo, por las que introducen las denominadas oraciones subordinadas adverbiales impropias, que expresan nociones lógicas de causa, consecuencia, finalidad, etc.; se clasifican en función de la relación que la oración subordinada expresa respecto a la principal.

| Tipo | Relación que expresan | Conjunciones |
|---|---|---|
| **SUSTANTIVAS** | Introducen una oración que ejerce la función sintáctica de un sustantivo | *que, si* |
| **ADVERBIALES** | | |
| Causales | Indican la causa | *porque, dado que, puesto que, pues, ya que, como que, como quiera que, en vistas de que,* etc. |
| Consecutivas | Indican la consecuencia | *por (lo) tanto, luego, conque, por ello, así que, así pues, de modo que, de manera que,* etc. |
| Finales | Indican la finalidad o intención | *para que, a fin de que, a que,* etc. |
| Condicionales | Indican una condición necesaria | *si, a condición (de) que, en caso (de) que, con sólo que, siempre que, cuando,* etc. |
| Concesivas | Indican un supuesto obstáculo que no impide la realización de lo expresado en la oración principal | *aunque, por más que, a pesar (de) que, pese a que, si bien,* etc. |

Sobre las conjunciones subordinantes cabe hacer las siguientes observaciones:

■ **Conjunciones que introducen subordinadas sustantivas**

No debe confundirse la conjunción *si* que introduce subordinadas sustantivas *(pregunta si vienes)* con la que introduce oraciones condicionales *(si tú me dices ven, lo dejo todo)*.

La conjunción *que* puede tomar el valor de otras conjunciones, sobre todo en la lengua oral. Por ejemplo, causal: *cierra la ventana, que hace frío*.

■ **Conjunciones que introducen subordinadas adverbiales impropias**

Muchas de estas conjunciones pueden usarse con valores propios de otros tipos de conjunciones. Por ejemplo, *pues* suele ser causal *(no iré pues estoy enfermo)*, pero puede tener también matiz condicional *(pues tantas ganas tienes, ve a dar un paseo)*.

Las conjunciones causales expresan la misma relación que las consecutivas pero en sentido inverso: *la calle está mojada porque ha llovido; ha llovido, por tanto la calle está mojada*.

Algunos adverbios también pueden introducir oraciones consecutivas: *tanto que, tan...que, tal...que, así...que*.

Algunos adverbios temporales (como *cuando* o *siempre que*) pueden introducir, funcionando como conjunciones, oraciones condicionales; en ellas, el significado condicional suele tener un matiz temporal: *cuando los precios suben, se reduce la demanda*.

Pueden introducir oraciones subordinadas concesivas algunas expresiones más o menos fijas como *sea como sea, sea cual fuera, de todos modos, no es óbice para*, etc.

# Resumen apartado 3

La morfología examina las palabras desde el punto de vista formal: analiza su estructura interna, estudia los mecanismos que permiten crear nuevas voces y clasifica las palabras en diversas clases a partir de sus características comunes.

denomina *morfemas* a las unidades mínimas con significado en que se pue-
n descomponer las palabras. Se clasifican en raíz y afijos según su distribución,
léxicos y gramaticales según su significado y en libres y ligados según su sin-
xis.

s principales **procesos de creación de nuevas palabras** son la derivación,
e crea voces mediante el uso de afijos, y la composición, que las crea a partir
la combinación de voces ya existentes. Existen también otros procesos menos
oductivos: los acortamientos léxicos, los acrónimos y las siglas.

virtud de las características que comparten, las palabras se agrupan en ocho
**tegorías gramaticales**: nombre, adjetivo, verbo, adverbio, preposición, pro-
mbre, determinante y conjunción.

s **nombres** son el núcleo del sintagma que desempeña la función de sujeto,
objeto directo o de término de preposición. Suelen tener flexión de número;
emás, tienen siempre género intrínseco y, en algunas ocasiones, también fle-
n de género. Los nombres se clasifican en comunes y propios; los nombres
munes, a su vez, se dividen en contables y no contables y en individuales y co-
ctivos.

s **adjetivos** son el núcleo de un sintagma que desempeña la función de com-
emento del nombre, de atributo o de complemento predicativo. Suelen tener
xión de género y de número, si bien no tienen ni número ni género intrínse-
s sino que los adquieren por concordancia. Algunos adjetivos admiten expre-
n de grado (positivo, comparativo y superlativo); el grado superlativo se pue-
 expresar mediante procesos morfológicos (con el sufijo -*ísimo*).

s **verbos** son el núcleo del sintagma que constituye el predicado principal de
oración. Por medio de la flexión, cuyas variantes dan pie a las distintas conju-

gaciones, expresan las nociones de tiempo, aspecto, modo, persona y númer
La forma como se conjugan permite clasificar los verbos en regulares e irregul
res: los regulares siguen el patrón de los verbos modelo de cada conjugación; l
irregulares presentan en algunos tiempos alteraciones ortográficas o fonéticas e
la base o usan unas desinencias distintas.

Los **adverbios** son palabras invariables, generalmente con significado léxico pl
no, que desempeñan las funciones de modificador del verbo, del adverbio, d
adjetivo, de la oración o del enunciado. Muchos de ellos son derivados formad
a partir de adjetivos con el sufijo -*mente*; el resto constituyen una clase cerrad
Se clasifican en función del contenido semántico que expresan (tiempo, mod
lugar, etc.) o por su modo de significar (adverbios de base léxica y adverbios pr
nominales).

Las **preposiciones** son palabras invariables con función relacionante. Constit
yen una clase cerrada, aunque hay voces de otras categorías que tienen us
como preposición y existen numerosas locuciones prepositivas.

Los **determinantes** preceden al nombre en el sintagma nominal y fijan su ref
rencia. Muchos de ellos tienen flexión de género y número, que adquieren p
concordancia. Son una clase cerrada; se distinguen el artículo determinado y
indeterminado, que sólo pueden ser determinantes, y los demostrativos, indet
nidos, posesivos y numerales, que unas veces son determinantes y otras pr
nombres (y en ocasiones también adjetivos).

Los **pronombres** constituyen por sí solos un sintagma nominal y desempeñan l
funciones propias de éstos. Son una clase cerrada. Suelen tener flexión de n
mero; algunos, también de género, y unos pocos, de persona. Los pronombr
personales tienen además variación de caso. Además de los determinantes qu
también pueden ser pronombres, se incluyen en esta categoría los pronombr
personales, los relativos y los interrogativos.

Las **conjunciones** sirven para enlazar oraciones o partes de ellas. Se dividen e
coordinantes (enlazan elementos jerárquicamente equivalentes) y subordinante
(que imponen una subordinación de una oración o parte a otra). Las primeras s
dividen en copulativas, distributivas, disyuntivas y adversativas, y las segundas e
sustantivas y adverbiales (causales, consecutivas, finales, condicionales y conce
sivas).

# 4 Sintaxis

La sintaxis es la disciplina lingüística que estudia el modo en que se relacionan las palabras para formar unidades superiores de significado más complejo. El interés de la sintaxis se centra en describir las reglas que determinan la combinación de palabras para formar unidades mayores, los llamados *sintagmas*, así como las reglas de combinación de los sintagmas para formar oraciones; también establece el tipo de oraciones que son posibles en una lengua.

El límite superior de estudio de la sintaxis lo constituye, pues, la oración, unidad máxima de análisis sintáctico; la unidad mínima de análisis son las palabras, elementos no descomponibles sintácticamente en unidades menores, que son las piezas con las que operará la sintaxis para formar estructuras más complejas. Entre estos dos extremos, se sitúan los sintagmas, agrupaciones estructuradas de palabras que constituyen unidades sintácticas menores que la oración.

## 4.1. El sintagma

Algunas clases de palabras, como los nombres, los adjetivos o los verbos, admiten complementos y determinantes. La agrupación de estas voces con sus complementos y determinantes funciona como una unidad sintáctica que recibe el nombre de *sintagma*.

Los sintagmas poseen siempre un núcleo, que es el que determina sus características combinatorias. Pueden ser núcleos de sintagma los nombres, los adjetivos, los verbos, los adverbios y las preposiciones, que forman los correspondientes sintagma nominal (SN), sintagma adjetivo (SAdj), sintagma verbal (SV), sintagma adverbial (SAdv) y sintagma preposicional (SP).

Salvo en el caso de las preposiciones, los sintagmas pueden estar formados por una única palabra (el núcleo). Son, pues, sintagmas las palabras subrayadas en estas oraciones:

**Otras categorías**

Los determinantes no forman sintagmas, sino que intervienen siempre en un sintagma nominal, actualizando la referencia de un nombre o de algún elemento que funcione como tal; asimismo, las conjunciones no forman sintagmas, sino que establecen relaciones entre sintagmas u oraciones. Finalmente, los pronombres constituyen por sí solos un sintagma nominal.

**4**

SN: Llegan _trenes_.     SAdj: Tiene un libro _azul_.
SV: _Llueve_.            SAdv: Llegó _tarde_.

En otras ocasiones, el núcleo tiene complementos o determinantes, de modo que los sintagmas están formados por más de una palabra; los sintagmas pueden llegar a alcanzar un alto grado de complejidad. Son, por ejemplo, sintagmas:

SN: _hermano; el hermano; el hermano mayor; el hermano mayor de Antonio; el hermano mayor de Antonio que conociste el otro día_

SV: _pasean; pasean por el campo; pasean por el campo cada día; pasean por el campo cada día durante cuarenta minutos_

## ■ Sintagma nominal (SN)

El sintagma nominal tiene por núcleo un sustantivo, que puede estar determinado o modificado por complementos propios. También puede ser núcleo de un sintagma nominal un infinitivo o cualquier palabra o frase que esté sustantivada: _el ayer, el sí, lo azul, el que llega_. Los pronombres, a su vez, constituyen por sí solos sintagmas nominales: _yo, aquél, alguno_.

El núcleo del sintagma nominal puede tener determinantes y complementos.

### ■ Determinantes

Los sustantivos pueden estar determinados por los artículos y por los pronombres que ejercen la función de determinante: _el árbol, un árbol, este árbol, tu árbol, ningún árbol, tres árboles_. En algunas ocasiones, pueden estar actualizados por una combinación de más de un determinante: _todos estos niños, los otros niños_.

### ■ Complementos

El sustantivo puede tener complementos propios, que algunas gramáticas denominan _adyacentes_. Pueden ser complementos de un sustantivo:

**Sustantivación**
El uso de determinantes con palabras pertenecientes a otras categorías gramaticales las sustantiva; es decir, hace que funcionen como si fueran sustantivos y formen por tanto sintagmas nominales. La sustantivación es muy frecuente con adjetivos mediante el artículo neutro _lo_: _me asusta lo nuevo_. También se da con otras categorías gramaticales, como por ejemplo algunos adverbios _(el aquí, el ahora)_; en ocasiones, por este procedimiento se han creado sustantivos de voces que originariamente pertenecían a otra categoría gramatical: _el mañana_.

– Los adjetivos. Concuerdan en género y número con el núcleo sustantivo: *el árbol alto, los árboles altos; la chica alta, las chicas altas.* Pueden tener complementos propios: *un libro posterior <u>al otro.</u>*

– Los participios. También concuerdan en género y número con el núcleo, y también pueden tener complementos propios: *el árbol calcinado <u>por el rayo.</u>*

– Las oraciones subordinadas de relativo: *el coche <u>que me compré</u>.*

– Algunos adverbios que indican dirección (inmediatamente pospuestos al nombre): *calle abajo, tiempo atrás.*

– Otro nombre o sintagma nominal. La modificación se ejerce directamente, sin que entre ellos haya ninguna preposición: *el rey Carlos III; Roma, la capital de Italia.* Esta construcción recibe el nombre de *aposición.*

– Los sintagmas preposicionales: *la casa de la familia; café con leche.*

En forma arbórea, el análisis sintáctico de un sintagma nominal se representa como sigue (se simplifica la estructura del sintagma adjetivo y del sintagma preposicional, que se desarrollan en el apartado correspondiente de esta gramática):

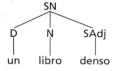

## ■ Sintagma adjetivo (SAdj)

El adjetivo es núcleo del sintagma adjetivo; puede llevar diversos tipos de modificadores:

– Modifican al adjetivo, precediéndolo, los adverbios que indican cantidad, como *muy, bastante, demasiado, algo,* etc.: *muy cansado, demasiado caro.* En ocasiones, puede aparecer más de uno de estos adverbios modificando al adjetivo: *bastante más caro.*

– Algunos adverbios en *-mente* que indican grado pueden modificar al adjetivo, generalmente precediéndolo: *absolutamente incomprensible, terriblemente brillante.*

**4**

– Finalmente, los adjetivos pueden estar modificados por un sintagma preposicional: *cariñoso con sus hijos, feliz de reencontrarte, enfermo de varicela.*

El análisis sintáctico del sintagma adjetivo se representa, en forma arbórea, como sigue (se simplifica el análisis del sintagma preposicional, que se presenta más adelante en este mismo capítulo):

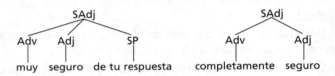

## ■ Sintagma preposicional (SP)

Se denomina así al sintagma encabezado por una preposición. La preposición es una categoría gramatical con función relacionante, por lo que los sintagmas preposicionales no pueden estar formados únicamente por una preposición. Esto es, mientras que, por ejemplo, un sintagma adjetivo puede estar formado sólo por un adjetivo, el sintagma preposicional siempre está formado por una preposición más su complemento.

El complemento introducido por una preposición se llama *término*. El término de una preposición puede pertenecer a diversas categorías gramaticales:

– En su uso más habitual, las preposiciones introducen sintagmas nominales: *a los invitados, por tu culpa, de este lado.* El sintagma nominal puede estar constituido por un pronombre: *por eso, con nadie.*

– Todas las preposiciones (salvo las que únicamente indican lugar, como *bajo*) pueden introducir una oración subordinada, ya sea en forma finita (con las conjunciones *si* o *que*) o con un infinitivo:

> Estaba seguro <u>de que vendrías</u>.
> Lo preguntó <u>por si lo sabías</u>.
> Lo castigaron <u>por haber mentido</u>.

– Aunque no es muy frecuente, las preposiciones también pueden introducir un adjetivo: *perdió <u>por imprudente</u>.*

**La preposición *según***
Sólo *según* se puede usar aisladamente, sin complemento. Por ejemplo, cuando es respuesta a una pregunta:
*¿Te apetece venir al cine? Según. ¿Quién más va?*

– Finalmente, las preposiciones pueden introducir un adverbio pronominal: *por aquí, para siempre, desde muy lejos.*

El análisis arbóreo de un sintagma preposicional queda ilustrado con los siguientes ejemplos:

## ■ Sintagma adverbial (SAdv)

Tiene como núcleo un adverbio. En ocasiones, está formado únicamente por un adverbio *(mañana, verdaderamente),* pero los adverbios también pueden llevar complementos. Fundamentalmente, pueden actuar como tales:

– Los adverbios que indican cantidad. Modifican al adverbio precediéndolo: *bastante bien, muy deprisa.* Con esta función, puede aparecer más de un adverbio cuantitativo: *bastante más deprisa.*

– Los complementos preposicionales. Tienen como complemento un SP algunos adverbios en -*mente* derivados de adjetivos que tienen ese mismo complemento: *posteriormente a tu intervención.*

## ■ Sintagma verbal (SV)

Se da este nombre al sintagma que tiene como núcleo a un verbo. Los verbos pueden tener diversos complementos; se clasifican atendiendo a su función, es decir, al tipo de relación sintáctica y semántica que mantienen con el núcleo verbal.

Son complementos del verbo el complemento directo (CD), el complemento indirecto (CI), el complemento circunstancial (CC), el complemento de régimen (CR) y el complemento agente (CA).

**Locuciones adverbiales**
En esta gramática hemos tratado formas como *detrás de* o *encima de* como locuciones adverbiales, es decir, como unidades que constituyen un complejo indivisible, pero algunos gramáticos consideran que el adverbio *detrás* o *encima* de estas construcciones es el núcleo de un sintagma adverbial que tiene como complemento un sintagma preposicional introducido por la preposición *de.*

También forma parte del sintagma verbal el atributo (A), aunque dada su naturaleza semántica no se trata propiamente de un complemento del verbo. Mantiene estrecha relación con él el complemento predicativo (CP), que también tratamos en este epígrafe aunque en rigor no es un complemento del verbo, sino de éste y de otro complemento.

### ■ Complemento directo (CD)

Es un complemento que poseen los verbos transitivos. Cuando es tercera persona, es pronominalizable por los pronombres *lo, la, los, las*:

*Vi <u>el coche</u>.* → *<u>Lo</u> vi.*          *Vi <u>las casas</u>.* → *<u>Las</u> vi.*

Cuando el verbo admite pasiva, el sintagma que desempeña la función de CD en la oración activa es sujeto de la oración pasiva equivalente:

*Han resuelto <u>el enigma</u>.* → *<u>El enigma</u> ha sido resuelto. Se ha resuelto <u>el enigma.</u>*

Pueden ejercer esta función:

– Un sintagma nominal cuyo núcleo es un sustantivo que no designa una persona:

*El niño ya ha leído <u>el cuento</u>.*
*El viento oreó <u>sus cabellos</u>.*

– Un pronombre personal átono (*me* y *nos* para la primera persona, *te* y *os* para la segunda y *lo(s)*, *la(s)* para la tercera, además del reflexivo *se*):

*Mis amigos <u>la</u> vieron en el cine.*          *María <u>se</u> peina.*

– Un sintagma preposicional, con la preposición *a*, cuando se refiere a personas; el núcleo puede ser un sintagma nominal o un pronombre personal tónico:

*Mis padres vieron <u>a tu novia</u>.*
*Juan saludó <u>al profesor de latín</u>.*
*<u>A mí</u> no me conoce.*

### ■ Complemento indirecto (CI)

Desempeña esta función un sintagma preposicional introducido por la preposición *a:*

*Hizo un regalo <u>a sus hijos</u>.*
*Te hizo un regalo <u>a ti</u>.*

---

**Lo, la, los, las**
Los pronombres *lo(s), la(s)* aparecen junto al verbo cuando el CD no se expresa mediante un sintagma pleno, pero también cuando el sintagma nominal o preposicional que desempeña la función de CD ocupa el primer lugar de la oración:
*<u>El coche</u>, no <u>lo</u> he visto.*
*<u>Las casas</u>, no <u>las</u> he visto.*

---

**Duplicación del pronombre**
Cuando el CD es un sintagma preposicional cuyo núcleo es un pronombre personal tónico, es necesario que aparezca también un pronombre personal átono que lo reduplica:
*no <u>me</u> conoce <u>a mí</u>.*

Cuando es tercera persona, el complemento indirecto es pronominalizable por los pronombres *le* y *les,* lo cual permite diferenciarlo del complemento directo, que se pronominaliza mediante las formas *lo(s), la(s):*

> Juan dijo unas palabras *a los asistentes.* → Juan *les* dijo unas palabras.

Cuando un verbo tiene complemento indirecto suele ser necesaria la presencia del pronombre personal átono característico de dicha función (*me* y *nos* para la primera persona, *te* y *os* para la segunda y *le* y *les* para la tercera), incluso cuando también aparece el sintagma preposicional con esta misma función:

> *Le* di el regalo *a Juan.*
> *Nos* entregó las llaves *a nosotros.*

El CI es complemento de dos tipos de verbos distintos:

– Verbos transitivos (poseen además un CD): *le* dio un regalo *a su madre.*

– Verbos intransitivos (no poseen CD); el sujeto suele estar pospuesto al verbo: *me* duele la cabeza; *a Ana le* gusta el dulce.

■ **Complemento regido o de régimen (CR)**

Se trata de un sintagma preposicional exigido por el verbo. Los verbos que exigen un CR se denominan *verbos de régimen.* Cada verbo de régimen exige una preposición distinta. Por ejemplo:

> Pensaba *en tonterías.*     Conversó *sobre su biblioteca.*

Se distingue del CD y del CI por el hecho de no poder ser sustituido por un pronombre átono. Por otro lado, se distingue de los complementos circunstanciales porque es exigido por el verbo.

■ **Complemento circunstancial (CC)**

A diferencia del CD, el CI y el CR, el complemento circunstancial no está exigido por el verbo. Es decir, su presencia es opcional, de modo que, si se elimina, la oración resultante sigue estando bien formada (aunque tiene un significado distinto).

---

**Observaciones sobre la pronominalización del CI**

En contacto con los pronombres *lo(s), la(s),* el pronombre *le* se convierte en *se: le* dijo esto → *se* lo dijo.

Los hablantes leístas usan el pronombre *le* para el CD; se trata de un fenómeno extendido en la pronominalización de complementos en masculino singular cuyo referente es una persona. Para estos hablantes, la sustitución por un clítico no sirve para distinguir el CD del CI.

Los hablante laístas y loístas, por su parte, utilizan pronombres de CD en lugar de *le/les* para la función de CI.

El leísmo de persona está admitido por la Academia, no así el loísmo y el laísmo.

**4**

También se distingue de estos complementos porque un verbo puede tener un número de complementos circunstanciales teóricamente ilimitado, mientras que sólo puede tener un CD, un CI y un CR.

Pueden ejercer esta función:

– Un sintagma preposicional:
*Llegó de repente.*          *Viaja con su esposa.*

– Un sintagma adverbial:
*Volveré luego.*          *Lo hizo correctamente.*

– Un sintagma nominal que indica tiempo:
*Lo compraré el lunes.*          *Te visitará otro día.*

Los significados que pueden tener los complementos circunstanciales son diversos. Los más frecuentes son:

| Significado | Ejemplo | Significado | Ejemplo |
|---|---|---|---|
| lugar | Lo encontró en casa. | causa | Lo hago por ti. |
| tiempo | Llegó tarde. | instrumento | Lo abrió con un abrelatas. |
| modo | Lo resolvió correctamente. | finalidad | Ahorro para una bicicleta. |
| compañía | Fue al cine con unos amigos. | cantidad | Tose mucho. |

### ■ Complemento agente (CA)

Es un complemento propio de las construcciones pasivas que indica el agente de la acción. Adquiere la forma de un sintagma preposicional con *por:*

> *Juan fue piropeado por su novia.*
> *Fue absuelto por el Juez.*

**Complemento agente con *de***
En ocasiones el complemento agente toma la forma de un sintagma preposicional con *de,* aunque en la actualidad esta construcción es infrecuente: *temido de todos.*

El complemento agente se corresponde con el sujeto de la oración activa correspondiente:

> *Miguel riñó a María.*
> *María fue reñida por Miguel.*

Puede aparecer en oraciones pasivas con el verbo *ser,* pero no en las pasivas reflejas. También los participios pueden tener complemento agente:

*Admirado por los profanos y elogiado por los expertos,* la Mona Lisa *es el cuadro más famoso de Da Vinci.*

■ **Atributo (A)**

El atributo es un complemento propio de los verbos copulativos (*ser, estar, parecer,* etc.). Estos verbos poseen muy poca carga semántica, de modo el contenido semántico fundamental lo aporta el atributo, y el verbo no funciona más que como una cópula que pone en relación el sujeto con el atributo.

Puede ejercer esta función un sintagma nominal, un sintagma adjetivo, una oración subordinada de relativo, un participio, un adverbio de modo o un sintagma preposicional:

SN: *Juan es un buen muchacho.*
SAdj: *Juan parece muy interesante.*
O. relativa: *El ganador es quien más puntos obtenga.*
Participio: *El problema está resuelto.*
Adv: *Yo soy así.*
SP: *Juan es de Sevilla.*

Cuando el atributo es un adjetivo o un participio, concuerda en género y número con el sujeto: *el niño está cansado; la niña está cansada; los niños están cansados.*

El atributo es sustituible por *lo:*

*Juan es así.* → *Juan lo es.*
*No es quien dice ser.* → *No lo es.*

■ **Complemento predicativo (CP)**

El predicativo es un complemento que modifica de forma simultánea al verbo (generalmente indicando modo) y a un sintagma nominal. Pueden desempeñar esta función los sintagmas adjetivos, los participios, los gerundios y, en ocasiones, algunos sintagmas preposicionales. Los adjetivos y participios concuerdan en género y número con el sustantivo al que complementan:

Adjetivo: *El niño dormía feliz; trajeron muy caliente la sopa.*
Participio: *Me comí asada la carne; Luis llegó cansado a casa.*
Gerundio: *El niño corría silbando; vi la casa ardiendo.*
SP: *Carlos entró de peón en la obra; trabaja de aprendiz.*

El sintagma nominal al que modifica el complemento predicativo puede ejercer la función de sujeto (*Juan corría feliz*) o de complemento directo (*pintaron la puerta verde*).

> **Verbos pseudocopulativos**
> Los verbos llamados *pseudocopulativos* (*quedarse, ponerse, llamarse,* etc.) también tienen atributo. Sin embargo, a diferencia de los verbos propiamente copulativos, su atributo no se puede pronominalizar con *lo:* la oración *se puso triste* no se puede transformar en *se lo puso* (aunque es gramatical, tiene un sentido distinto).

# 4

## 4.2. La oración

La oración es la unidad máxima del análisis sintáctico. Se caracteriza por los dos rasgos siguientes:

– Está formada por la unión de un predicado y su sujeto.

– Posee necesariamente un verbo; salvo en las oraciones atributivas, este verbo constituye el núcleo del predicado.

Las oraciones pueden alcanzar un alto grado de complejidad, dado que los diferentes sintagmas que intervienen en ellas pueden ser a su vez complejos, y dado que pueden establecer relaciones sintácticas con otras oraciones para formar oraciones mayores. Sin embargo, en último término toda oración puede reducirse a una relación entre dos sintagmas, el sujeto y el predicado.

### ■ La estructura oracional

Las oraciones están formadas por elementos diversos relacionados entre sí. Las dos unidades sintácticas básicas en las que se divide una oración son el sujeto y el predicado, si bien la estructura interna de cada uno de estos constituyentes puede ser compleja.

Los conceptos de sujeto y predicado designan dos funciones complementarias en una relación entre dos elementos. En el marco oracional, estos dos elementos establecen la estructura básica de la oración. El sujeto está constituido por un sintagma nominal, que puede ser un nombre (con o sin determinantes o complementos), un elemento sustantivado, un pronombre o una oración; el predicado está constituido por el sintagma verbal, formado a su vez por el verbo y sus complementos.

La relación entre sujeto y predicado es tanto sintáctica como semántica. Semánticamente, el predicado exige la presencia de un sujeto con unas características determinadas (por ejemplo, *amar* exige un sujeto humano), y halla su sentido pleno cuando predica una acción, un proceso o un estado de dicho sujeto. Sintácticamente, la relación entre sujeto y predicado se manifiesta en la existencia de concordancia: el sujeto es el sintagma nominal que necesariamente concuerda en persona y número con el verbo núcleo del predicado:

*Miguel visitó la ciudad.*      *Tus amigos visitaron la ciudad.*

Salvo las impersonales, todas las oraciones poseen sujeto y predicado. El sujeto puede, no obstante, no estar explícito: *comes patatas* (donde *tú* queda sobreentendido). En las oraciones cuyo predicado principal es un gerundio o un infinitivo, generalmente la mención explícita del sujeto no es posible, de modo que queda implícito y se deduce por el contexto. Sólo carecen de sujeto las oraciones impersonales.

El predicado oracional está compuesto por el sintagma verbal cuyo núcleo es el verbo principal de la oración. Se distinguen dos tipos de predicado: predicado verbal y predicado nominal. El predicado verbal está formado por un verbo con contenido semántico pleno, que se erige en núcleo sintáctico (concuerda con el sujeto) y semántico (aporta el significado fundamental de la predicación) del predicado. Se denomina, en cambio, *predicado nominal* al de los verbos copulativos (*ser, estar, parecer*, etc.). Estos verbos son semánticamente vacíos, de forma que el contenido semántico de la predicación lo aporta el atributo. En estas oraciones, pues, el verbo es el núcleo sintáctico de la predicación (concuerda en persona y número con el sujeto) y el atributo, su núcleo semántico.

**4**

> ## Concepto de *sujeto*
> Algunos estudios gramaticales tradicionales definen el sujeto como el sintagma nominal que indica la persona o cosa que realiza la acción del verbo o sobre la que se dice algo; según esta definición, el sujeto responde a la pregunta «¿quién?». Sin embargo, esta definición resulta poco apropiada, puesto que a veces no permite reconocer el sintagma nominal que desempeña la función de sujeto; por ejemplo, el sujeto de verbos como *gustar* o *aburrir* designa la cosa que gusta o aburre y no la persona a quien ésta gusta o aburre.

## ■ Clasificación de las oraciones

Las oraciones se clasifican, atendiendo a su estructura interna, en simples, complejas y compuestas. Una oración simple está formada por un único sujeto y un único predicado. Las oraciones compuestas o complejas, en cambio, están formadas por la unión de más de una oración simple, de modo que poseen dos o más predicados con sus correspondientes sujetos; las diversas oraciones que forman una oración compuesta mantienen entre sí una relación de igualdad jerárquica, mientras que en las complejas una de las oraciones está subordinada a otra, de la que depende jerárquicamente.

| O. simple: | El profesor ha pedido los ejercicios. |

| O. compuesta: | El profesor ha pedido los ejercicios y ha encargado una nueva tarea. |

Oración simple        Oración simple

Oración compuesta

| O. compleja: | El profesor ha preguntado quién había hecho los ejercicios. |

Oración simple (subordinada)

Oración compleja

### 4.3. La oración simple

Las oraciones simples se clasifican atendiendo a su estructura, a la naturaleza del verbo que contienen y a la modalidad oracional.

**Clasificación de compuestas y complejas**

Los mismos criterios que sirven para clasificar las oraciones simples pueden usarse también para clasificar las oraciones compuestas y complejas. Sin embargo, para facilitar la explicación, presentamos estos criterios referidos sólo a la oración simple, bien entendido que las diversas oraciones que componen una oración compleja o compuesta son susceptibles de ser clasificadas en función de su estructura, la naturaleza de su verbo o su modalidad oracional.

### ■ Clasificación según la estructura

Según la estructura, las oraciones se dividen en bimembres y unimembres.

#### ■ La oración bimembre

La oración bimembre presenta la estructura básica de sujeto + predicado (si bien alguno de sus componentes puede estar sobreentendido):

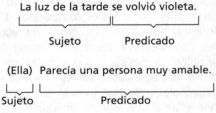

La luz de la tarde se volvió violeta.

Sujeto        Predicado

(Ella) Parecía una persona muy amable.

Sujeto        Predicado

#### ■ La oración unimembre

La oración unimembre (también llamada *impersonal*) carece de sujeto; está formada, pues, por un único constituyente, el sintagma verbal. A diferencia de las oraciones bimembres con sujeto implícito, el sujeto de una oración impersonal no es jamás recuperable. El verbo siempre está en tercera persona del singular.

Existen diversos tipos de oraciones impersonales:

– Con verbo unipersonal (verbos meteorológicos que no poseen sujeto):

>*Aquí llueve demasiado.*    *Este invierno ha nevado poco.*

– Con una construcción impersonal con *se*. A diferencia de las pasivas, no hay un SN que concuerde con el verbo:

>*Aquí se duerme bien.*    *Se mencionó a los ausentes.*

– Con el verbo *hacer* (cuando indica condiciones atmosféricas o cantidad de tiempo) y *haber* (cuando no es auxiliar):

>*Hace calor.*    *Hay mucha gente.*

– Con los verbos *ser, estar, parecer, hacerse, haber que* o *tratarse* en algunos de sus usos:

>*Parece que no vendrá.*
>*Ya es de noche.*

Algunos tratados gramaticales también clasifican como unimembres oraciones que semánticamente son impersonales pero que gramaticalmente no lo son. Se trata de oraciones bimembres cuyo verbo concuerda con un sujeto, aunque éste recibe una interpretación genérica o tiene un referente desconocido. Se construyen con:

– Verbos en segunda persona del singular:

>*Hoy día vas por la calle con miedo.*
>*Hay días en los que no te sale nada bien.*

– Verbos en primera personal del plural:

>*A veces hablamos porque sí.*
>*Nos preocupamos demasiado del dinero.*

– Verbos en tercera persona del plural:

>*Llaman a la puerta.*

**El verbo *haber***

Cuando no es auxiliar, el verbo *haber* es impersonal. El complemento que tiene no es, por tanto, su sujeto sino su CD, como prueba el hecho de que se pronominalice con *lo(s), la(s)*. Por ello, no se considera correcto hacer la concordancia del verbo con este complemento cuando es un sintagma nominal plural, aunque el uso tiende a hacerla, sobre todo en la lengua oral: *habían muchos niños* (frente a la forma impersonal *había muchos niños*).

## ■ Clasificación según la naturaleza del verbo

Según la naturaleza del verbo, las oraciones se clasifican en copulativas o atributivas y predicativas.

## ■ La oración copulativa o atributiva

Se forma con un verbo copulativo (*ser, estar, parecer,* etc.), que relaciona el sujeto con un atributo:

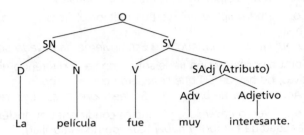

Además del atributo, los verbos copulativos pueden llevar complementos circunstanciales, en cambio, nunca pueden tener los complementos propios de los verbos predicativos (CD, CI, CP, etc.).

## ■ La oración predicativa

La oración predicativa tiene como núcleo un verbo predicativo; es decir, un verbo que no sea copulativo. Las oraciones predicativas se dividen en activas y pasivas en función de la voz del verbo. Las activas, a su vez, se dividen en transitivas e intransitivas según el tipo de verbo que constituye el núcleo del predicado, y las pasivas, en reflejas o perifrásticas según el modo como se forma la pasiva.

**La voz media**

Algunas gramáticas distinguen, junto a la activa y a la pasiva, la denominada *voz media*. Se trata de un tipo de construcciones que admiten sólo unos pocos verbos transitivos, generalmente con pronombre reflexivo (aunque a veces también sin dicho pronombre). En las oraciones medias el sujeto es el mismo complemento que desempeñaría la función de objeto directo en la oración transitiva; sin embargo, no se trata de una oración pasiva ni admite complemento agente:

Oración activa:
*Los rayos asustan <u>a Juan</u>.*
*Los vendedores suben <u>los precios</u>.*

Oración media:
<u>*Juan*</u> *se asusta.*
<u>*Los precios*</u> *suben.*

El significado de la voz media es el de acción producida de forma espontánea, sin intervención de un agente.

*Oración activa:* Tiene el verbo en voz activa. Se distinguen las oraciones transitivas de las intransitivas. En las oraciones transitivas, el verbo tiene un complemento directo:

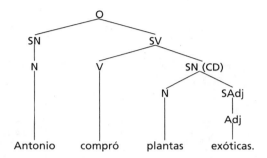

Antonio compró plantas exóticas.

En las oraciones transitivas, el verbo puede tener otros complementos además del complemento directo, como un complemento de régimen, un predicativo o un circunstancial: *Luis llenó el recipiente* (CD) *con agua* (CR) *deprisa* (CC). Cuando un verbo tiene CD y CI, la oración se denomina *bitransitiva*:

**Elisión del CD**
En algunas ocasiones, un verbo transitivo puede omitir el complemento directo: *Antonio compra compulsivamente.* En tales casos, se dice que el verbo tiene un uso absoluto, y funciona como si fuera un verbo intransitivo.

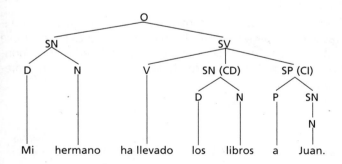

Mi hermano ha llevado los libros a Juan.

Son en cambio oraciones intransitivas aquellas en las que el verbo no tiene complemento directo. A veces, el verbo no tiene ningún complemento:

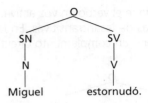

Otras veces, tiene algún complemento distinto del CD:

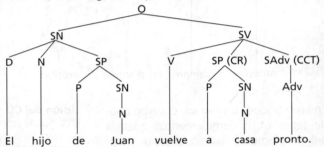

*Oración pasiva:* Tiene el verbo en voz pasiva. En las oraciones pasivas, el complemento que expresa el paciente o tema de la acción ejerce la función de sujeto oracional; en la oración activa correspondiente, ese mismo complemento ejerce la función de objeto directo.

Según el modo como se construye, se distingue la pasiva perifrástica de la pasiva refleja. Una pasiva perifrástica se construye con el verbo *ser* seguido del participio del verbo correspondiente; puede llevar CA, expresado mediante un SP con la preposición *por*:

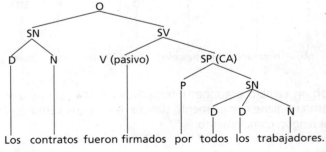

La pasiva refleja se construye con pronombre *se*, que se adjunta al verbo conjugado; no admite complemento agente:

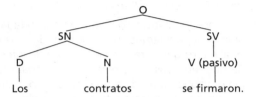

## ■ Clasificación según la modalidad oracional

La oración simple también se clasifica atendiendo a la actitud psicológica del emisor frente a lo que dice (expresa una duda, un deseo, una certidumbre, etc.). La expresión lingüística de esta actitud afecta a toda la oración y recibe el nombre de *modalidad*. En virtud de ello, las oraciones se clasifican en aseverativas, interrogativas, exclamativas e imperativas; cada una de estas modalidades tiene una entonación propia. Además de estas cuatro, se distinguen también la modalidad dubitativa y la desiderativa, que adoptan la entonación propia de las otras cuatro pese a que expresan actitudes del emisor distintas a las de aquéllas.

### ■ Oraciones aseverativas

Las oraciones aseverativas, también llamadas *enunciativas* o *declarativas,* se usan para afirmar o negar algo de forma objetiva. El emisor acepta como cierto lo que afirma.

*Las tropas enemigas asaltaron la ciudad.*
*Ésta es una oración aseverativa.*

### ■ Oraciones interrogativas

El emisor desconoce algún hecho y le pregunta al receptor sobre él. En función del aspecto de la oración sobre el que se pregunta, se distinguen las interrogativas parciales de las totales.

En las interrogativas parciales, la interrogación afecta tan sólo a un elemento de la oración. Se construyen con pronombres o adverbios interrogativos:

*¿Quién ha dicho esa injuria?*
*¿Qué has hecho este fin de semana?*

**4**

La pregunta de las interrogativas totales afecta, en cambio, a la oración completa. No se usan pronombres o adverbios interrogativos:

*¿Has dormido bien?     ¿Tienes hora?     ¿Conoces a Juan?*

La modalidad oracional interrogativa afecta a toda la oración. Las oraciones independientes (no subordinadas) con modalidad oracional interrogativa reciben el nombre de *interrogativas directas.* Se oponen a las denominadas *interrogativas indirectas,* que son oraciones subordinadas con sentido interrogativo; aunque su sentido sea interrogativo, la modalidad oracional del la oración principal suele ser aseverativa, por lo que la modalidad interrogativa sólo se da en oraciones interrogativas directas.

Las oraciones interrogativas indirectas también pueden ser totales *(no sé si ha venido)* o parciales *(no sé quién ha venido).*

■ **Oraciones exclamativas**

Expresan sentimientos tales como ilusión, decepción, etc. En la lengua escrita, suelen representarse entre signos de exclamación:

*¡Vete a la porra!     ¡Qué feliz me hace esto!*

■ **Oraciones imperativas**

Las oraciones imperativas, también llamadas *exhortativas,* tienen la función de vehicular un mandato u orden. Al usarlas, el emisor espera obtener como respuesta una determinada actuación del receptor. Generalmente implican el uso del modo imperativo:

*Abre la puerta.*
*Deja inmediatamente lo que estás haciendo.*

■ **Oraciones dubitativas**

Expresan duda o probabilidad respecto a su contenido. Esta modalidad se marca con adverbios o locuciones adverbiales (*quizá, probablemente, tal vez,* etc.), y usa la misma entonación que las oraciones aseverativas.

*Quizá tu hijo lo sepa.     Probablemente lo ha hecho él.*

■ **Oraciones desiderativas**

Expresan un deseo. A veces se introducen con la interjección *ojalá;* en otras ocasiones, se trata de oraciones complejas cuyo verbo principal expresa deseo (*espero, deseo,* etc.). Tienen la

entonación de las or~
muchas veces implican
*Ojalá Mercedes me lo .*

## 4.4.   La oración compuesta o ~~~~~clamativas;

Las oraciones compuestas, también llamadas ~
*das,* están formadas por la unión de diversas oraciones simples
que mantienen entre sí una relación de igualdad jerárquica.
Para establecer la unión entre estas oraciones se usan conjunciones o nexos conjuntivos coordinantes. Como las conjunciones con que se forman, las oraciones compuestas se clasifican
en copulativas, distributivas, disyuntivas y adversativas.

### ■ Coordinadas copulativas

Son la unión de diversas oraciones mediante una conjunción
copulativa; es decir, *y* (*e* ante una palabra que empiece por *i*) y
*ni* (forma negativa).

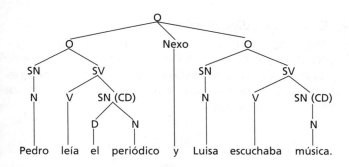

---

**La yuxtaposición**

Se denomina *yuxtaposición* a la unión de diversos elementos lingüísticos (ya
sean oraciones o palabras) sin ningún nexo. Por ejemplo:

*Es alta, rubia, muy atractiva.*
*Juega a baloncesto. Hace escalada. Le gusta nadar.*
*Toca el violín. Lo hace muy bien.*

Las oraciones yuxtapuestas mantienen entre sí una relación semántica similar a las coordinadas; sin embargo, una serie de oraciones yuxtapuestas no
forma una oración compuesta, pues las distintas oraciones son sintácticamente independientes.

de dos o más oraciones mediante una
un nexo conjuntivo distributivo: *ora...ora, ya...ya,*
mismo significado se puede expresar usando como nexos palabras pertenecientes a otras categorías gramaticales:
*unos...otros, por una parte...por otra, de un lado...de otro,* etc.

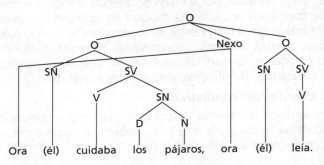

Ora (él) cuidaba los pájaros, ora (él) leía.

### ■ Coordinadas disyuntivas

Utilizan como nexo la conjunción disyuntiva *o* (y su variante *u*).
En ocasiones, se puede reforzar la disyunción anteponiendo
*ya, (o) bien, sea* a alguna de las opciones: *hazlo, o bien qué-
date en casa.* En ocasiones, se antepone *o* a las diversas opciones: *o vienes o te vas.*

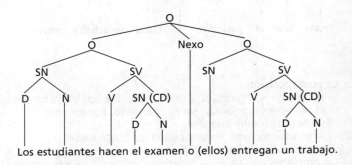

Los estudiantes hacen el examen o (ellos) entregan un trabajo.

- Coordinadas adversativas

Se construyen con una conjunción o un nexo conjuntivo adversativo: *mas, pero, empero, antes, sino, no obstante, sin embargo*, etc. Indican oposición total o parcial.

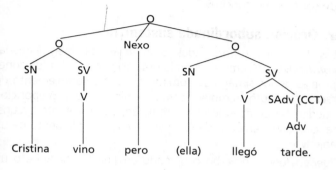

**Locuciones adversativas**
Las locuciones adversativas (*no obstante, sin embargo,* etc.) tienen un estatuto a medio camino entre las conjunciones y los enlaces extraoracionales, de modo que pueden ir precedidas de otra conjunción: *lo sé, y sin embargo no me acuerdo.* Por ello, la coordinación por medio de estos nexos crea estructuras muy próximas a la yuxtaposición.

## 4.5. La oración compleja

Una oración compleja está formada por dos o más oraciones que no están en una relación de igualdad jerárquica: una de las oraciones, que recibe el nombre de *subordinada,* mantiene una relación de dependencia sintáctica respecto a otra, llamada *principal*. Las oraciones subordinadas se clasifican atendiendo a la función que ejercen en la oración principal en que aparecen: se denomina *oración subordinada sustantiva* a la que desempeña la función propia de un sintagma nominal, *subordinada adjetiva* o *de relativo* a la que desempeña la función propia de un sintagma adjetivo y *subordinada adver-*

*bial* a la que desempeña la función propia de un sintagma adverbial. A estos tres tipos se añaden las denominadas *subordinadas adverbiales impropias,* que establecen con la oración principal una relación de causa, de consecuencia, de finalidad, de condición o concesiva.

## ■ Oración subordinada sustantiva

Las oraciones subordinadas sustantivas, también llamadas *completivas,* desempeñan en la oración principal las funciones propias de los sintagmas nominales: sujeto, complemento directo y atributo; también, como término de una preposición pueden ser complemento de régimen, complemento circunstancial, complemento de un sustantivo y complemento de un adjetivo.

Pueden tener un verbo conjugado en una forma finita o un verbo en infinitivo. Con un verbo en forma finita, están introducidas por las conjunciones subordinantes *que* y *si* o por un pronombre o un adverbio interrogativo (*quién, qué, cuándo, cómo,* etc.). Las oraciones introducidas por la conjunción *si* y por los pronombres y adverbios interrogativos son interrogativas indirectas.

> *Quiere <u>que se lo digas</u>.*
> *Pregunta <u>si se lo dirás</u>.*
> *Pregunta <u>cuándo se lo dirás</u>.*

Cuando se usa una conjunción, ésta funciona únicamente como nexo subordinante. En cambio, los pronombres o los adverbios interrogativos desempeñan una función dentro de la oración subordinada, además se servir de nexo. Por ejemplo:

> *No quiso decirme <u>quién vendría</u>.* → *Quién* es sujeto de *venir.*
> *No quiso decirme <u>qué sabía</u>.* → *Qué* es CD de *saber.*

Si el pronombre o el adverbio desempeñan dentro de la oración subordinada la función de término de una preposición (son, por ejemplo, complemento indirecto o de régimen) van precedidos de dicha preposición:

> CD: *No sé <u>a</u> quién conoce.*
> CR: *No sé <u>de</u> qué me hablas.*
> CI: *No sé <u>a</u> quién le dio el paquete.*

Cuando el verbo está en infinitivo, puede no usarse ningún nexo *(quiere venir);* se usa la conjunción *si* o un pronombre o adverbio interrogativo cuando se trate de una interrogativa indirecta *(no sabe si hacerlo)*. El sujeto del verbo infinitivo no se puede expresar; suele coincidir con algún sintagma nominal del la oración principal (sujeto, complemento directo o indirecto), que depende de cuál sea el verbo principal:

*Juan quiere (Juan) venir.*
*Me asusta venir (yo).*

■ **Sustantiva de sujeto**

La oración subordinada sustantiva desempeña la función de sujeto oracional:

*Me molesta que me lleven la contraria.*
*Consumir alcohol en exceso es perjudicial.*
*Es desagradable que digas eso.*

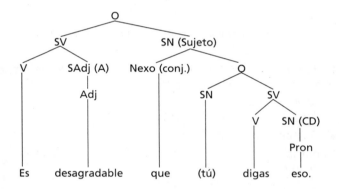

Cuando el sujeto es una oración subordinada, no es posible aplicar la prueba de la concordancia para determinar cuál es el sujeto. Un modo para hacerlo consiste en sustituir la subordinada por un sintagma nominal, y verificar que dicho sintagma es el sujeto:

*Me gusta que la gente sea sincera. → Me gusta esto. / Me gustan estas cosas.*

■ **Sustantiva de complemento directo**

La oración sustantiva desempeña la función de CD:

*Juan soñó <u>que era un pájaro</u>.*
*Tu hermana odia <u>perder el tiempo</u>.*

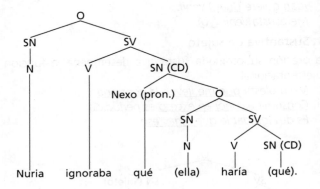

Dado que la oración subordinada es el CD, puede ser pronominalizada con el pronombre *lo:*

*Quiere <u>que se lo digas</u>. → <u>Lo</u> quiere.*
*Preguntó <u>si Ana estaba en casa</u>. → <u>Lo</u> preguntó.*

■ **Sustantivas de atributo**

La oración subordinada es atributo de un verbo copulativo:

*Juan está <u>que se sale</u>.*
*Estamos <u>que parecemos niños</u>.*

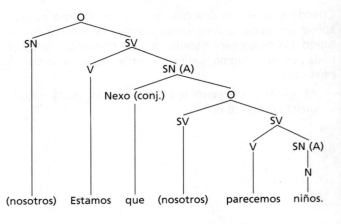

- ## Sustantiva de complemento regido

La oración subordinada es término de una preposición que introduce un CR:

*Ana se olvidó <u>de que la esperaba</u>.*
*Antonio insistía <u>en que era imposible</u>.*

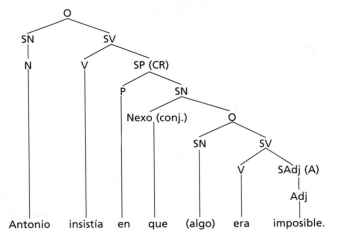

- ## Sustantiva de complemento circunstancial

La oración subordinada es término de una preposición con función de complemento circunstancial:

*Juan lo hizo <u>sin que lo vieran</u>. Lo dije <u>sin saberlo de veras</u>.*

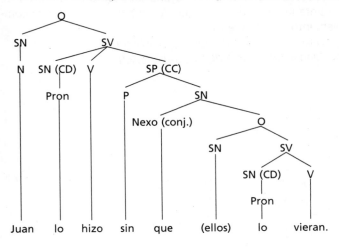

- **Sustantivas de complemento del nombre**

La oración subordinada es término de una preposición que introduce un sintagma preposicional que desempeña la función de complemento del nombre.

*No he superado el miedo a suspender.*
*Tenía dudas de que fuera cierto.*

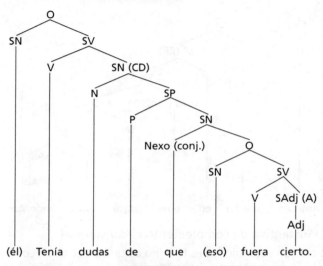

- **Sustantiva de complemento de un adjetivo**

La subordinada es término de una preposición que introduce un sintagma preposicional que desempeña la función de complemento de un adjetivo:

*Habló satisfecho de que lo escucharan.*
*Juan estaba harto de que lo llamasen.*

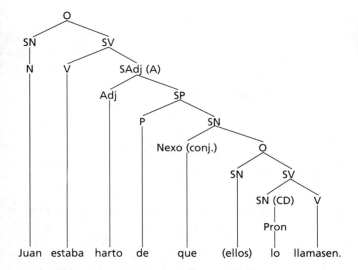

Juan estaba harto de que (ellos) lo llamasen.

### ■ Oración subordinada adjetiva o de relativo

Las oraciones subordinadas adjetivas, también llamadas *de relativo* o *relativas,* ejercen la función de complemento de un nombre. Están introducidas por un pronombre relativo (*que, cual,* etc.) o por un adverbio relativo (*donde, cuando,* etc.).

Los pronombre y adverbios relativos tienen una doble naturaleza. Por un lado, son nexos que introducen una oración subordinada, que es complemento de un sustantivo de la oración principal; el pronombre y el adverbio tienen como referente este sustantivo, que es su antecedente. Por otro lado, mantienen una relación sintáctica con el resto de elementos de la oración subordinada; es decir, cumplen en su oración una función sintáctica propia, bien pronominal (sujeto, CD, etc.), bien adverbial (complemento circunstancial).

Por ejemplo:

*El pueblo donde nací es hermoso.*

Esta oración compleja tiene una oración subordinada de relativo *(donde nací),* que es complemento de un sustantivo *(pueblo).* El adverbio *donde* sirve de nexo subordinante, a la vez que ejerce la función de complemento circunstancial de lugar del verbo subordinado *nací;* su antecedente es *pueblo,* el nombre al que modifica la oración subordinada.

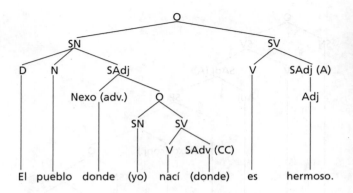

En función del tipo de modificación que ejercen, las oraciones de relativo se dividen en especificativas y explicativas. Las especificativas tienen significado restrictivo: restringen el significado del antecedente a aquellos elementos de la realidad que cumplen las características especificadas en la cláusula subordinada:

*Van a arreglar la calles que están estropeadas.*
*Los árboles que se helaron son cerezos.*

Las explicativas, en cambio, informan sobre alguna cualidad del antecedente, pero no restringen el conjunto de elementos de la realidad a los que el sustantivo se refiere. En la lengua oral se pronuncian entre pausas, y en la lengua escrita se separan entre comas:

*Van a arreglar las calles, que están estropeadas.*
*Los árboles, que se helaron, son cerezos.*

Como los adjetivos, las oraciones de relativo pueden sustantivarse. Cuando ello ocurre, no tienen antecedente explícito, de modo que éste recibe una interpretación genérica (cualquier elemento de la realidad que cumpla las condiciones especificadas en la oración subordinada) o queda sobreentendido por el contexto. La sustantivación de las oraciones adjetivas se lleva a cabo mediante la anteposición del artículo determinado al pronombre relativo *que* o con el pronombre *quien:*

*El que quiera hablar puede hacerlo.*
*Quien bien te quiere te hará llorar.*

Las oraciones relativas sustantivadas tienen las funciones propias de las subordinadas sustantivas (sujeto, complemento directo, atributo, etc.). Por ejemplo:

Sujeto: *Quien no pueda venir* debe avisar.
Atributo: *Clara es quien lo hizo.*

A éstas se añade la posibilidad se ser término de preposición en el sintagma nominal que ejerce la función de complemento indirecto o de complemento agente:

CI: *Entrega el paquete a quien te dijimos.*
CA: *Fue engañado por quien consideraba su amigo.*

## ■ Oración subordinada adverbial

Se trata de oraciones que realizan funciones propias de un sintagma adverbial: son complementos circunstanciales de tiempo, lugar o modo. Están introducidas por un adverbio relativo, que además de servir como nexo subordinante realiza una función dentro de la oración subordinada.

En las subordinadas adverbiales, los pronombres relativos no tienen antecedente explícito. Cuando tienen antecedente explícito, la oración subordinada que introducen es adjetiva, y ejerce la función de complemento del nombre: *el pueblo donde nací.*

### ■ De tiempo

Realizan la función de complemento circunstancial de tiempo. El nexo introductorio más frecuente es el adverbio relativo *cuando:*

*El director nos llamó cuando lo supo.*
*Cuando llegamos, él ya no estaba allí.*

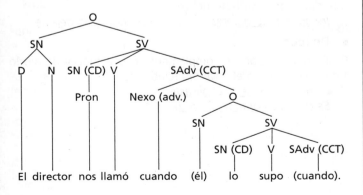

También pueden actuar como nexos que introducen este tipo de oraciones diversas conjunciones y locuciones conjuntivas: *mientras, según, en cuanto, tan pronto como, apenas, a medida que,* etc. Estos nexos no realizan función alguna dentro de la oración subordinada que introducen.

■ **De lugar**

Desempeñan la función de complemento circunstancial de lugar. Se introducen con *donde* o *adonde:*

Lo encontraron <u>donde tú lo habías dejado</u>.
Siempre come <u>donde puede</u>.

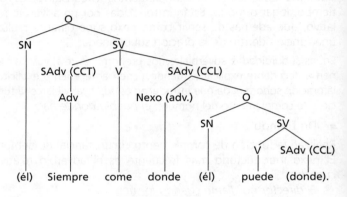

También pueden ser complemento regido de un verbo que indica dirección o atributo del verbo *estar:*

Iré <u>adonde tú quieras</u>.          Está <u>donde lo dejaste</u>.

■ **De modo**

Realizan la función de complemento circunstancial de modo. Tienen como nexo el adverbio relativo *como:*

Lo hizo <u>como se lo explicaste</u>.
Se disfrazó <u>como había dicho</u>.

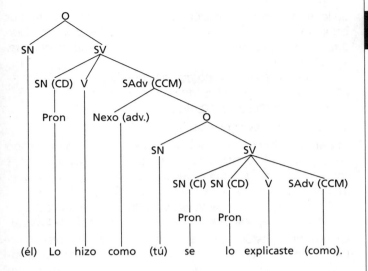

En ocasiones, la oración introducida por *como* puede ser término de una preposición; el sintagma preposicional que introduce dicha preposición puede desempeñar funciones diversas:

*Todo salió distinto <u>de como habíamos previsto</u>.*

## ■ Oraciones subordinadas adverbiales impropias

La gramática tradicional suele denominar así a un conjunto de oraciones que indican nociones como causa o finalidad. El término *adverbiales* se les aplica porque su función es, como la de los adverbios, de complemento circunstancial; sin embargo, se denominan *impropias* porque no siempre existen en español adverbios que indiquen por sí solos estas nociones.

Se clasifican, según el significado que aportan, en causales (indican causa), consecutivas (indican consecuencia), condicionales (indican causa hipotética), finales (indican finalidad) y concesivas (indican un falso obstáculo).

### ■ Subordinadas causales

La oración subordinada indica la causa

**Oraciones coordinadas**

Algunos de estos mismos significados se pueden expresar también por medio de oraciones coordinadas; por ejemplo, las oraciones coordinadas copulativas pueden tener matiz causal *(estudia y aprenderás)* y las disyuntivas, matiz consecutivo o condicional *(estudia o suspenderás)*.

de lo expresado en la oración principal. Están introducidas por conjunciones o locuciones conjuntivas causales: *porque, dado que, puesto que, pues, ya que, como que, como quiera que,* etc. Por ejemplo:

*El suelo está mojado <u>porque ha llovido</u>.*
*<u>Como no me avisasteis,</u> no he podido venir.*
*Aprobó <u>porque estudió mucho</u>.*

■ **Subordinadas consecutivas**

La oración subordinada indica la consecuencia de lo expresado en la principal. Se introducen con conjunciones y locuciones consecutivas: *por (lo) tanto, luego, conque, por ello, así que, así pues, de modo que, de manera que,* etc.:

*Aún no ha venido, <u>así que tendremos que empezar sin él.</u>*
*Lo había ensayado muchas veces, <u>conque lo acabé enseguida</u>.*

En ocasiones, estos nexos adquieren el valor de enlaces extraoracionales. En tales casos, las dos oraciones mantienen entre sí una relación de yuxtaposición, o bien el nexo está precedido de una conjunción coordinativa:

*No tengo dinero; <u>por lo tanto, no lo puedo comprar</u>.*
*Está enfermo, <u>y por ello debe guardar cama</u>.*

■ **Subordinadas condicionales**

La oración subordinada mantiene una relación condicional o hipotética respecto a la oración principal. Se introducen con conjunciones y locuciones conjuntivas condicionales: *si, a condición (de) que, en caso (de) que, con sólo que, siempre que, cuando* y otras. Su significado puede adquirir diversos matices, que son los siguientes:

**Sustitución de condicionales por adverbios**
Las oraciones condicionales no suelen ser sustituibles por un adverbio o sintagma adverbial. Por ello muchos autores no las consideran subordinadas adverbiales, pese a su función de complemento circunstancial.

– Indica una condición necesaria: *si vienes a casa, veremos una película de vídeo juntos; te daré una galleta siempre y cuando te acabes la cena.*

– Tiene valor hipotético: *si fuera rico, compraría muchas cosas; si lo hubiera sabido, no habría venido.*

– Establece un contraste entre una situación supuesta y la realidad expresada en la oración principal: *si ya lo sabía, ¿por qué lo ha hecho?*

Se denomina *prótasis* a la oración subordinada que indica la condición o hipótesis, y *apódosis* a la oración principal.

### ■ Subordinadas finales

La oración subordinada indica la finalidad de lo expresado en la principal. Se introducen con locuciones conjuntivas finales: *para que, a fin de que, a que,* etc.

> *Ha escrito una carta de queja <u>para que le devuelvan el dinero</u>.*
> *Se explicaba con mucha claridad <u>a fin de que todo el mundo lo entendiera</u>.*

Frecuentemente estas oraciones tienen el verbo en infinitivo. En tales casos, están introducidas por la preposición *para* (a veces también *por*) y por algunas locuciones prepositivas:

> *Hace gimnasia <u>para ponerse en forma</u>.*
> *Salió antes <u>para llegar pronto</u>.*

**Sustitución de finales por adverbios**

Como las subordinadas condicionales, estas oraciones no suelen ser sustituibles por un adverbio o sintagma adverbial, por lo que muchos autores no las consideran subordinadas adverbiales.

### ■ Subordinadas concesivas

La oración subordinada indica una dificultad u obstáculo (real o imaginario) que no llega a impedir que suceda lo que se expresa en la oración principal. Se introducen con conjunciones o locuciones concesivas: *aunque, por más que, a pesar (de) que, pese a que, si bien,* etc.

> *<u>Aunque estoy enfermo</u>, iré a trabajar.*
> *Saldremos a correr <u>aunque nieve</u>.*

# Resumen apartado 4

La **sintaxis** analiza el modo de combinarse las palabras para fo
mar unidades superiores. La unidad máxima del análisis sintác
co es la oración, que está formada por una combinación de ur
dades menores, los sintagmas.

Un **sintagma** es la agrupación de una palabra con sus determinantes y compl
mentos. Los sintagmas poseen siempre un núcleo, que determina sus caracter
ticas combinatorias. En función de cuál sea este núcleo, se distinguen el sinta
ma nominal, el sintagma adjetivo, el sintagma verbal, el sintagma adverbial y
sintagma preposicional. Cada uno de ellos posee una estructura interna y un
posibilidades de combinación específicas.

La **oración** se caracteriza por ser una unidad sintáctica formada por la unión
un sujeto (sintagma nominal) y un predicado (sintagma verbal). Según su estru
tura interna, las oraciones se clasifican en simples, compuestas y complejas.

La **oración simple** está formada por un único predicado con su correspondie
te sujeto. Las oraciones simples se clasifican, en función de su estructura, en
membres y unimembres; atendiendo a la naturaleza de su verbo, en copulativ
y predicativas, y éstas últimas en activas (transitivas e intransitivas) y en pasiv
(perifrásticas y reflejas); y en virtud de su modalidad oracional, en aseverativa
interrogativas, exclamativas, imperativas, dubitativas y desiderativas.

La **oración compuesta** está formada por la unión de diversas oraciones qu
mantienen entre sí una relación de igualdad jerárquica. Usan como nexo ur
conjunción coordinante, y se clasifican en copulativas, distributivas, disyuntivas
adversativas.

La **oración compleja** está formada por dos oraciones; una de ellas, llamac
subordinada, mantiene una relación de dependencia jerárquica respecto a otr
llamada principal. Las subordinadas se clasifican, en virtud de la función que eje
cen en la principal, en sustantivas, adjetivas, adverbiales y adverbiales impropia

# Índice analítico